HBB+

いのちの法と倫理

【新版】

葛生栄二郎
河見　誠
伊佐　智子　著

法律文化社

新版まえがき

『いのちの法と倫理』を最初に世に送り出したのは一九九六年である。その後版を重ねたのち、二〇〇九年には共著者を加え『新・いのちの法と倫理』を刊行し、改訂を加えてきた。本書はこれら二書を前身とし、その蓄積を踏まえつつも全面的に内容を再検討して、新たな書として書き上げたものである。

四半世紀は長い。特に時代が進むほど生命に関わる技術はめざましく発展し、また社会状況も大きく変化を見せてきている。改めて新版として本書を上梓するに至ったのはこのことへの対応による。

しかし技術の発展、社会状況の変化にかかわらず、見失うことなく常に立脚すべき基盤があると私たち著者は考えてきた。それが「いのち」である。この点で、本書の基本姿勢は前身の二書と一貫している。本書は、生命倫理と呼ばれる問題群から六つのテーマを取り上げ、大学などで教科書として用いることができるように、基本情報や基礎的知識を提示し説明しているが、それ以上に著者が願うことは、本書が「いのち」の問題を真摯に考えるきっかけになることである。そのため、一般の教科書とはやや異なったスタンスを取っている。

第一に、多元的な視点から問題を扱っている点である。タイトルに示されているようにまず、法「と」倫理を、慎重に区別しつつも分離せず、両者の関わりを視座に入れて論を展開している。新たな技術の開発はただちに法律問題や倫理問題を引き起こさずにはおかない。そして法や倫理の解決策はさらに、宗教や文化の問題を無視して論じることはできないだろう。生命をめぐる問題は必然的に学際的にならざるをえないのである。それは私たちの日常生活で実際に営まれている「いのち」がそれ自体、様々な側面をもった多面的多元的存在だからである。本書が「生命」の法と倫理でなく、「いのち」の法の倫理であるのもこのためである。

第二に、それぞれの問題について著者なりの解答を提示しようと試みている点である。概して教科書と呼ばれる本は、問題状況の記述と様々な立場の並列的紹介に留まるものが多い。しかし本書はあえて解答の試みにまで踏み込んでいる。著者もまた、読者と同じ地平に立って問題を考え、論じたいと思うからである。むろん、自分たちの考えを一方的に読者に押しつけようなどという意図はまったくない。本書は読者にまずボールを投げかける教科書であり、それを受けて読者自身が自分なりの答えを導き出す踏み台になればと願っている。

第三に、解答の提示まで踏み込んでいる以上、本書は一定の価値観、「いのち」の捉え方に立っている。それは「いのちの現場に寄り添う」という立脚点である。このことは、今日の生命倫理論の主流ともいうべき現代リベラリズムの立場と一線を画することを意味する。それは多種多様な価値観の共存する現代社会において、各人の選好するライフスタイルの多様性を可能な限り許容し擁護しようとする立場である。そこでは自分の生きる目標を自ら設定し、自分の人生を自分で計画し設計する、成熟した判断能力をもつ自律的主体が、正義の一般原理のもとに自由に自己選択した決定こそが尊重されるべきとされる。「生命倫理とは自己決定の倫理のことである」と断言する論者も少なくないほどである。

もちろん、自由意思による自己決定の余地はないとか、自己決定を重視すべきではないというわけではない。しかし、実際の生活世界に生きる「いのち」の現実は、むしろはるかに非選択的な出会いと偶然に満ちてはいないだろうか。まずもって「いのち」は、自分では選択不能な出生という偶然や親との出会いに始まる。死もまたそれ自体回避を選択できない現実である。「いのち」は「選びうるもの」と「選びえないもの」とから編み出される複雑な織物であるとすれば、選びえないものも受容しそこに価値を見出していくこと、そして「選べない関係」を「かけがえのない関係」に変えていくこと、これが「いのち」の倫理ではないだろうか。「いのち」が各自の計画の中に自己完結するものでないとすれば、「いのち」の倫理は互いに思い遣ったり配慮したり、ケアしたりケアされたり、といった他者との関係へと開かれていくものとなるだろう。

さてここで、本書にとってきわめて重大な出来事を報告しなければならない。それは共に「いのちの法と倫理」に取り組み、導き続けてくださった葛生栄二郎先生の召天である。二〇一八年七月に五九年の生涯を閉じられた。大変悲しいことであったが、しかしその五年にわたる闘病生活の歩みは「選びうるもの」「選びえないもの」への向き合い方を身をもって証してくださるものであった。葛生先生は、召天の直前まで介護タクシーも使いながら学生の教育にあたられた。副作用がさらに強い三度目の抗癌剤治療やホスピスに入ることは選択せず、大学で教鞭を執ることを選んだのである。また、深刻な病気であることが判明したあと、『「ロマ書」の人間学』（キリスト新聞社）の執筆に取りかかり、亡くなる五か月前に脱稿された。この二段組み、約五〇〇頁にわたる大著の副題は「ノモスにとらわれない生き方」である。この書は、人間は自分で自分を変えることはできないこと、そして変わらねばという呪縛からの解放のメッセージの読み取りであり、力を振り絞って私たちに渡してくれた「いのち」のバトンである。

もはやこの世では直接お会いすることはかなわないけれども、私たちは葛生先生との「かけがえのない関係」を、対話を、今もなお持ち続けることができる。その意味で、今回の新版もまた葛生先生との共著として完成に至ったものである。

最後になったが前書と同様、刊行にあたっては、法律文化社の皆さま、ことに田靡純子氏には多大なご尽力と励ましをいただいた。ここに改めて感謝申しあげたい。

二〇二二年一〇月二日

著者一同

目　次

第5章 安楽死・尊厳死 177
生命の尊重と人間の尊厳

コラム

序　章

自己決定権と人間の尊厳

生命倫理の原点から

命どぅ宝の碑
（沖縄・糸満市）

「命どぅ宝

命こそ
最高の
宝である」

生命倫理の問題を考えるうえで基本となるキーワードとして、「自己決定権」と「人間の尊厳」がある。ここでは、この二つの言葉の意味と相互の関連について説明し、本書の基本的な考え方を示しておきたい。

1 自己決定権

一 自己決定権とは

[1] 哲学的根拠

一五世紀、ルネサンス時代のイタリアの文人ピコ・デッラ・ミランドーラは、ある有名な演説のなかで次のような創世神話を語っている。「神は様々な生き物を創造し、それぞれにその占めるべき位置と役割を与えた。最後に人間を創造したが、その時には、もはや占めるべき位置も役割も残っているものがなかった。そこで神は、人間に自由意志を与え、人間みずから思いのままに位置と役割が選べるようにした。これによって人間は、自由意志の使い方次第で、天使のような存在にも、野獣のような存在にもなれる、カメレオン的存在になったのだ」というものである。

人間の無限の可能性に信頼するルネサンス精神のよく表れた物語だ。ルネサンスより以前の時代、人々は決して自由意志によって自分の占めるべき位置を選択できるような生き方をしてはいなかった。それは西洋でも、日本でも同じことだろう。人々は伝統や慣習によって生き方があらかじめ定められていたし、行為の選択にあってはその土地の掟やしきたりを守り、困ったことがあれば教会の司祭や村の長老の教えに従うのが常だった。自由意志による選択は誤りの多いものであり、時には罪なことでさえあったのだ。その意味で、ピコの創世神話は来るべき近代的な人間の生き方の宣言でもあったといえるだろう。自己決定権という思想のルーツは、このような近代的人間像そのものにあるといえる。

一八世紀、イマヌエル・カントは、この近代的人間像を基礎にして道徳論を確立する。カントによれば、私たちの行為選択が道徳的だといわれるためには、その選択が自律的な決定でなければならないという。「親に言われたから」とか「友だちもそうしているから」とかといった動機は、すべて道徳的に評価できない。結局は、人まかせの判断でしかないからだ。行為が道徳的だといわれるためには、他者に依存した判断ではなく、「自分でそうすべきだと思うからそうする」という主体的な判断でなければならないのである。しかも、「何となくそういう気になったから」といった、その時の雰囲気や感情による決定も評価されない。決定は常に理性的な判断によることが必要だ。このような判断であってこそ、人は自分の選択した行為に責任を持つことができるからである。自己責任を負うことのできる、主体的で、しかも理性的な判断能力をカントは自律性（Autonomy）と呼んだ。

このように、自己決定とは単に自分で決定しているということだけではないのだ。自律性に基づいた決定、つまりは、まわりの意見にも、自分の感情にも流されず、揺らぎない自分の価値観に基づいて自由な意思決定をすることが真の自己決定である。そして自己決定権とは、このような自律的な決定によって生き方を選択していくことを権利として保障するものである。

とはいえ、各人がみずからの強い信念に基づいて自律性を主張した場合、信念が強ければ強いほど他者との衝突は避けられないものとなるだろう。この点についてカントは、実践理性の第一原理として、「自己の格律が普遍的な法則になることを自分自身も望めるような行為の仕方をすべきであり、決してそうでない行為の仕方をしてはならない。」という。

要するに、自分の行為のやり方をほかの人がマネしたらどうなるかを考えよ、みんなが採用できるようなやり方であれば、それには普遍性があるというものだ。

さらに、カントとは立場が違うが、功利主義哲学者J・S・ミルは、自己決定権相互間の調整を「危害原理」(Harm Principle)と呼ばれる原理で説明する。自己決定権は、自分の自己決定が他者の自己決定を侵害し、他者の利益を害する場合にのみ制約できるというものである。カントが各人の内面的な反省に訴えているのに対し、ミルは結果としての利益侵害に着目している。他者の権利を踏みにじってまで自分の権利を主張することはできないという、権利の内在的限界論なのである。いずれにせよ両者とも、「このような決定をしてはならない」という、内容の吟味にまで踏み込んで自己決定を制約することはしない。自己決定の制約については、きわめて慎重な立場がとられているのだ。

[2] 法学的根拠

カントの自己決定論は、現代リベラリズムの法理論に受け継がれた。現代リベラリズムの問題関心は、こんにちのような価値観の多様化した社会が安定して成り立つためにはどうすればよいかということだ。これについてリベラリズムは、カントに従って、どのような生き方が自分にとって善い生き方なのかという「善」の選択は、可能な限り各人の自律性に委ねるべきだとする。自分にとって善いからといって、他者もそう考えるとは限らないのだから、誰も自分の価値観を他者に強要すべきではないということだ。「汝の欲することを人にしてはならない。なぜなら、人はそれを好まないかもしれない」とは、ラッセルの有名な箴言《しんげん》だ。

とはいえ、多様な価値観を衝突するに任せるだけでは社会は混乱するだろう。最低限、誰もが公平に自由を享受できるようにするための正義は守られるべきだ。とするならば、「何が万人の守るべき正義なのか」という問題と「何がその人にとって善なのか」という問題は厳に区別しなければならない。この「正と善の分離」に基づいて、公権力は正義を保障し、善については不干渉・中立の立場を守るべきだというのがリベラリズムの考え方だ。「どのような生き方をするか」という善の選択については、自己決定権が手厚く保護されなければならないということになる。

また、時代は前後するが、特に法的な自己決定権の確立に大きな影響を与えた思想家としてジョン・ロックがいる。ロックは、生まれながらにして自分に帰属するもの、および労働の成果として自分に帰属することになったものをプロパティ（Property）と呼び、これについては各人がみずからの信念に基づいて自由に利用したり、処分したりすることができると主張する。そして、プロパティには「生命・身体・自由・財産」などが含まれるとした。法や国家は各人のプロパティを維持・拡大するためにこそ存在するものであり、これを侵害する法や国家はその存在理由を持たないのである。わが国の憲法第一三条「すべて国民は、個人として尊重される。生命、自由及び幸福追求に対する国民の権利については、公共の福祉に反しない限り、立法その他の国政の上で、最大の尊重を必要とする。」は、このようなロックの思想を具体化したものだ。冒頭部「個人の尊重」は封建的慣習からの個人の解放をめざしたものだが、「生命、自由及び幸福の追求権」はロック的なプロパティの保護を規定したものと理解できる。この部分が憲法学上「人格的自律権」と呼ばれ、自己決定権の法的根拠とされている。

こんにち、自己決定権として認められているもの、あるいは認めるべきだと主張されているものの範囲は相当に広い。たとえば家庭生活に関わるものでいえば、いつ、どのような家族を形成するか・しないか、シングル・マザー、同性婚、夫婦別姓の選択など、ライフスタイルに関わるものとしては髪型、服装、会社での髭《ひげ》、飲酒・喫煙、授業の選択、危険を伴うスポーツなど、経済活動に関わるものとしては残業、単身赴任の拒否など、さらには、ダムや原発の建設に関する住民投票なども自己決定権の名のもとに語られる場合がある。ただし、憲法学上はもう少し範囲を限定して、髪型や服装などのような、もっぱら個人的な選好に関わるもので、事柄の性質上、公権力の介入になじまないもののみを自己決定権と呼ぶ場合が多い。このようなものであれば、リベラルな立場をとるか否かにかかわらず、各人の善選択に委ねることに異論はなかろう。

［3］自己決定権と生命倫理

カントの自己決定論は、さらに生命倫理の領域にも大きな影響を与えている。わが国でもよく知られるビーチャムとチルドレスも、生命倫理を考える際の原則として「自律」（Autonomy）、「無危害」（Nonmaleficence）、「仁恵」（Beneficence）、「正義」（Justice）の四つをあげ、自律性を生命倫理の第一原則とした。

ただし、生命倫理の領域、とりわけ医療の倫理において自己決定が重視されるようになったのには特別な事情もある。いわゆる「パターナリズム」（Paternalism）の問題だ。かつて医師と患者との関係は必ずしも対等なものではなく、むしろ上下関係にあると理解されてきた。両者の間には医療に関する知識や技術の点で圧倒的な差があるのだから、医師は患者がどう考えるかにかかわらず、患者にとって最もよかれと思うことをなすべきであり、患者はこれに黙って従うことで初めて信頼関係が維持できると考えられていたためである。患者の意向や選択が考慮される余地はきわめて小さかったのだ。この関係は、ちょうど父親が未熟な子どもを保護し、指導する関係に似ていることからパターナリズムと呼ばれている。ラテン語の父親（pater）に由来する言葉である。ことにわが国では、集団の暗黙の意向が場を支配し、当人の意思がこれに埋没しやすい風潮があることがよく指摘される。医療現場でも医師と家族との「阿吽《あうん》の呼吸」が場を支配してしまうことが多く、パターナリズムの影響は欧米以上に深刻だ。

七〇年代以降になって、このような医療パターナリズムは厳しい批判を浴びるようになった。

パターナルな関係のなかでは、本来、医療の主体であるはずの患者が脇に追いやられ、医療はまるで医師と「病気」との間の営みのようになってしまうという批判である。そこで、何よりも主体である患者の意思こそが第一に尊重されなければならないと考えられ、患者の自己決定権が重視されるようになったのである。

医療倫理上の自己決定権としては、医療行為は十分な説明と納得のうえでの同意がなければならないとする「インフォームド・コンセント」(Informed Consent)をはじめ、カルテ閲覧権・コピー権・レセプトの開示請求権、さらには輸血拒否問題などが議論されている。また、広く生命倫理全般にわたる自己決定権としては、避妊や中絶などの生殖に関する「リプロダクティヴ・ライツ」(Reproductive Rights)、延命治療の拒否・中止、安楽死や「死ぬ権利」、臓器提供の問題などが議論されている。

これらの自己決定権の憲法上の根拠も第一三条である。ことに第一三条に「生命」という文言があることが重要な根拠となろう。しかし、生命倫理上の自己決定権に限ってもその範囲は広く、主張の性格やレベルも様々だ。各人のリベラルな善選択に委ね、調整は危害原理のみにとどめるべきか、それとも、よりいっそう高次の調整原理を必要とするのか、生命倫理の問題の焦点はまさにこの点にある。

二　問い直される自己決定権

こんにち、自己決定権の重要性は、特に医療の領域で広く認知されている。患者の主体性を重視するインフォームド・コンセントの概念が浸透したためだ（第4章「医療の法と倫理」参照）。しかし、同時に、この権利の限界も明らかになってきた。自己決定権に対する批判は多岐にわたるが、主なものをあげれば次のようなものがある。

①　この権利の過大評価が、おうおうにして「自己決定権さえ守れば、あらゆる行為は倫理的に正当化できる」という、いわば自己決定権至上主義をもたらしているという批判がある。個人の意思決定を万能なものとみなせば、自殺もまた「死ぬ権利」として認められることになろう。より広くいえば、愚行権の問題がある。他者危害さえ伴わなければ、私たちは「愚かに堕落すること」を権利として持っているかという問題だ。むろん、何をもって愚行と呼ぶかは価値観の問題だろう。しかし、たとえば麻薬の使用などを考えた場合、各人の価値観の問題にすぎないといえるのだろうか。

②　自殺する権利や堕落する権利が導き出されるのは、この権利の背景として、自己の生命・身体は本人に帰属するプロパティだから、本人が随意に利用・処分することができるとするロック的所有観があるためでもある。この所有観はさらに、配偶子（精子や卵子のこと）や身体パーツの売買など、いわゆる「いのちの商品化」を正当化するか、ないしは誘発するという批判がある。そもそも、生命や身体は各人の所有物なのだろうか。むしろ、私たちの自我は生命・身体そのものなのであり、自我と身体を分離して考えることはできないのではないだろうか。

③　自己決定権は強者の論理にすぎないという批判もある。カントのいう自律した人格は成熟した理性的主体を想定しているが、私たちの周囲を見渡せば、幼児、高齢者、障害者など、明晰な理性を行使することのできない人々がたくさん存在していることに気づく。いかにモデルを修正したとしても、自己決定権の絶対化は多くの人々を置き去りにすることになるだろう。カント的な意味での自律性を持ちうるのは、常に、身体的にも社会・経済的にも有利な立場にある一握りの強者でしかない。それればかりではない。自己決定権の絶対化は、胎児、動物や自然、さらには未来世代の人間など、「ことばなき存在」を都合よく強者の欲望の支配下におくことを正当化する論理になりかねないだろう。

④　自己決定権は他者との関係性の喪失をもたらすという批判もある。この権利の前提となる自律した自我は、世界の外に立ってみずからの人生を合理的に設計し、その設計に基づいてものごとを計画的に決定・遂行していく、まことに「強い自我」であるといえる。しかし、このような自我の想定は非現実的なものだろう。私たちの自我は決して世界の外に独立自存しているわけではなく、むしろ世界に内属し、他者との関係性の中で互いに共感したり、共鳴したりしながら存在しているものだ。しかも、決して強い存在ではない。さほど合理的でも計画的でもなく、むしろ揺れ動き、迷いながらも、他者との共感や思い遣りに支えられながら生きているというのが現実に存在する自我の姿ではないだろうか。自律性という概念を厳格に捉えるならば、およそ、すべての人はカント的な意味で自律してはいないといわなければならない。自己決定権の絶対化

は、私たちの自我を支える関係性という基盤を崩壊に導くことになろう。

このように見ると、自己決定権の思想は新しい段階、すなわち、過大評価され、絶対化された自己決定権を孤立した自我観から解放する段階に至っているといえるだろう。このことは、他者危害の原則という、自己決定権相互間の調整原理だけでなく、各人の自己決定を指導し、絶対化を抑制する、より高次の調整原理が求められていることを意味する。これが人間の尊厳である。

2　人間の尊厳

生命倫理の議論において「人間の尊厳」という言葉が引き合いに出される例は少なくない。しかし同時に、この概念に懐疑的な論者もまた少なくないようだ。この概念はあまりにも多義的すぎて原理として使いものにならないという批判である。よく言って、議論を飾り立てるだけの美辞麗句、悪くすれば、紋切り型の概念を持ち出すことで議論の発展を不可能にしてしまう「カンバセーション・ストッパー」になってしまうというのだ。内容が不明確なままにこの言葉を用いれば、導き出したい結論を概念の中にあらかじめ盛り込んでしまい、あとからそれを取り出してみせるという手品さながらの疑似論証が行われる。「人間の尊厳」という言葉は、むしろ使わない方がよいと主張するのである。

たしかに、人間の尊厳には様々な側面があり、その内容を積極的に語り尽くすことには限界があるだろう。しかし、長い議論の歴史は、この概念にいくつかの実質的な内容があることも明らかにしている。ここでは、それらの内容について検討し、法・倫理の原則として使用に堪える人間の尊厳とはどのようなものかを考えてみよう。

一　二つの人間の尊厳観

［1］「尊厳」という言葉

まず、「尊厳」（Dignity）という言葉の辞書的な意味から考えてみよう。

「尊厳」は広い意味での価値の一種だが、通常の「価値」とは、次のような点で異なっている。①「価値」は「AはBより価値がある」というように、他との比較で高低を論じることのできる相対的な概念だが、「尊厳」は「AはBより尊厳がある」というように、他と比較することのできない絶対的な概念である。したがって、②ある人の尊厳を軽んじることがあったとしても、そのことによって、その人の尊厳が低下したり、失われたりすることはない。「人間の尊厳」とは、すべての人に、かつ無条件に、このような意味での尊厳が備わっているという考え方だ。

しかし、なぜそういえるのか。また、なぜ人間だけなのか。これを明らかにすることが、同時に人間の尊厳という原理の内容を明らかにすることにもなるだろう。

［2］自己決定権の源泉としての人間の尊厳

ところで、最初にあげたピコ・デッラ・ミランドーラの演説は、のちに「人間の尊厳について」と呼ばれたのだった。「人間の尊厳」という言葉はルネサンス期の流行《はやり》言葉の一種で、自由意志の用い方次第で人間は天使のような存在になれるけれども、逆にけもののような存在に堕ちることもある。これを「人間の尊厳と悲惨」と呼んだのである。聖書は人間を「神の像」に似せて創ったと語っているが、その意味するところは、あらゆる被造物のなかで、ただ人間のみが自由意志を持っているということだ。人間だけに尊厳があるのはこのためであると理解されたのである。

カントもまた、自律性を有する人間を「人格」と呼び、人格たりうることにこそ人間の尊厳があると考えた。自然法則に従うよりほかない物質や、本能に操られる動物は自律性を有しないので、人格たりえず、したがって尊厳もまた、ない。つまりは、人間にのみ尊厳があるということになる。以来、自律性こそが人間の尊厳の根拠だという考え方は欧米社会に広く浸透した。イギリスの法哲学者ラズは、「人間の尊厳を尊重するとは、将来を計画し、構想する能力ある存在として人間を扱うことである。つまり、各人の尊厳を尊重するとは、各人の自律性を尊重することであり、将来を自己の管理下に置く権利を認めることである。」と述べている。

このように考えるならば、人間の尊厳は自己決定権を制約する上位原理ではなく、むしろ自己決定権の源泉だということになろう。自律性の強調はリベラリズムの特徴だが、広くは、プロテスタント的人間観に由来するものと考えることができる。この人間の尊厳観が、特に英米において主流であるのもそのためだといえよう。

[3] 自己決定権の制約原理としての人間の尊厳

これに対し、人間の尊厳を自己決定権の制約原理として捉える見方がある。その起源もまたカントだ。カントが自律性を何よりも尊重したことは事実だが、彼の道徳論には、もう一つの重要な原理として実践理性の第二原理というものがある。それは、「あなた自身の人格にも、他のすべての人の人格にも等しく存する人間性を、いついかなる場合にも同じく目的として用い、決して単なる手段として用いてはならない。」というものだ。

いかに自己決定とはいえ、人間性を放棄するような決定は許されず、また、他者を自分の目的達成のための道具や手段のように用いてはならないという原理だ。カントは自殺の自己決定を人間性の放棄とみて否認したし、いかに双方合意のうえだとしても、他者を道具のように扱い、人間性を貶《おとし》めることは許されないと考えていた。この原理は自己決定権を制約することになるだろう。人間の尊厳は自己決定権の制約原理であり、その核心は他者の非道具化・非手段化にあるという考え方である。こちらは、特にドイツやフランスなどのヨーロッパ諸国において主流な人間の尊厳観であるといってよい。

このように、人間の尊厳には、大別して二つの見方がある。

二　法・倫理原則としての人間の尊厳

[1] 生命法のなかの人間の尊厳

戦後、「人間の尊厳」という言葉を法文中に用いた例として最もよく知られるのは、「ドイツ連邦共和国基本法」（いわゆる「ボン基本法」）である。その第一条一項は、「人間の尊厳は不可侵である。これを尊重し、保護することは、すべての国家権力の義務である。」と規定している。

戦後間《ま》もない時代、人権擁護の課題は、いかにして不正な国家権力から各人の人権を保護するかということだった。「基本法」第一条が人間の尊厳の不可侵性を宣言したのも、人間の尊厳を様々な人権の源泉として捉え、国家による人権の侵害を阻止しようとしたからである。

ところが、近年、生命倫理に関する法の中で「人間の尊厳」という言葉が用いられる場合、これとは逆に、各人の人権、とりわけ自己決定権を制約する根拠として言及される例が多く見られるようになった。たとえば、「生命倫理法」（一九九四年）と並行して改正された「フランス民法」第一六条は「法は人格の優越性を保障し、その尊厳に対するあらゆる侵害を禁じ……」るとして、クローン生殖をはじめとする遺伝的形質の変更の禁止や代理懐胎契約の無効を導き出している。また、ＥＵの「人権と生物医学条約」（九七年）やわが国の「クローン技術規制法」（二〇〇〇年）も、ヒト・クローン生成禁止の根拠を人間の尊厳に求めている。さらに、法ではないが、ユネスコの「生命倫理と人権に関する世界宣言」（〇五年）も研究者の自己決定を指導する原理として人間の尊厳に言及している。これらの規定は、各人の自律性に優越し、自己決定権を制約する上位原理として人間の尊厳を位置づけていることになるだろう。

［２］人間の尊厳の構成要素

では、自己決定権を制約する原理としての人間の尊厳はどのような内容を持っているのだろうか。論者によってその内容が異なるのはいうまでもないが、おおよそ次のような諸点をあげることができよう。

① 人格の目的性＝道具化・手段化不可能性　カントの実践理性の第二原理に由来する、人間の尊厳の核心的要素である。いかに双方合意のうえであっても、人間が道具のように扱われる場合は人間の尊厳に反しているというもので、一般に「客体定式」（Object Formula）と呼ばれる。

かつてフランスで「小人投げ」（lancer de nain）と呼ばれるショーがあった。いわゆる小人症の障害を有する人を投げて、その飛距離や飛び方を競うというショーだ。行政警察はこのショーの興行を禁じたが、この措置が不当介入だとして裁判になった事例がある。この事例の場合、当の小人たち自身もショーは合意のうえでのものだと主張したのだった。ところが、国務院（Conseil d'Etat）はこれを「人間の尊厳に反している」として訴えを却下した（一九九五年一〇月判決）。「小人投げ」は人間の道具化であり、人間の尊厳に反するとみたのである。

② 人格の唯一性・代替不可能性　フランスの「生命倫理法」は、一人ひとりの人格は唯一無二であり、他の存在で代替することができないものであることも人間の尊厳の要素の一つだとしている。日本語の表現でいえば「かけがえのなさ」ということだろう。のちに検討するが、この点は特に、クローン人間の生成について問題となるところだ。

③ 人格の可塑性　しかし、唯一性や代替不可能性を持っているという点では、「モナリザ」

や「ミロのヴィーナス」のような芸術作品もまた同様だといえる。これに対し、人間の人格はたえず変わりゆくものであるし、変わりうる可能性を持っている。このような可塑性を持っているところに尊厳があるといわれることがある（芸術作品は変わってしまえば価値を失う）。たとえば、死刑制度は人格の可塑性を否定し、変わりうる可能性を根こそぎ奪ってしまうところに反尊厳性があるというような場合だ。

かつてパスカルは、人間はいかなる悲惨に直面しようとも、それを乗り越えようとする力を持っているところに偉大さがあると語った。逆に、東洋には、たえず変わりゆく無常さにいのちの「かけがえのなさ」をみようとする考え方がある。正反対の見方ではあるが、人格の可塑性に尊厳をみようとする点では共通している。

④　人間の統一性　これまでの要素は個々一人ひとりの人格が有する特徴に関するものだが、フランス民法は「種としての人間の統一性」（l'intégrité de l'espèce humaine）を守ることも人間の尊厳を守ることだとしている。具体的には、遺伝子操作による異種間交雑の禁止などがこれにあたる。人間のみが選び別たれた被造物だという古典的な信念の現代的表現だといえよう。

⑤　生命への畏敬　これとは逆に、人間の尊厳の根底には、人間のみならず、生死という運命を共有する生命体全体への本能的共感あるいは畏敬の念があると考えられる。この場合、比喩的な意味において、生物全般に尊厳がある（生命の尊厳）といわれたり、死者にも尊厳があるといわれたりする。臓器や組織の売買が人間の尊厳に反しているという場合、それは生命への畏敬

の念の欠如を意味しているだろう。

以上のように、人間の尊厳という原理は、単一の原理ではなく、いくつかの要素、およびそれに由来するいくつかのルールの複合体とみることができよう。

三　人間の尊厳への関係論的アプローチ

しかし、これまであげた構成要素だけではなお、人間の尊厳の内容を汲み尽してはいないだろう。それは、あたかも人間に目や鼻があるのと同じような意味で尊厳が備わっているわけではなく、他者との関係性のなかで発見し、互いに伝え合い、認め合っている、関係論的な概念だからである。私たちは人間の尊厳を原理（Principles）として学習する以前に、個々具体的な経験を通じて徳（Virtue）として実感し、体得しているのであり、その内容を言葉で汲み尽すことは不可能に近い。法・倫理原則としての人間の尊厳は、私たちの関係性のネットワークに内在する人間の尊厳をおぼろげに抽象したものにすぎないだろう。人間の尊厳にとって最も大切なことは、互いの尊厳を認め合い、互いを尊厳あるものとして扱う関係性のネットワークを守り、育てることだといわなければならない。

第1章

人工生殖

生命の神秘への挑戦

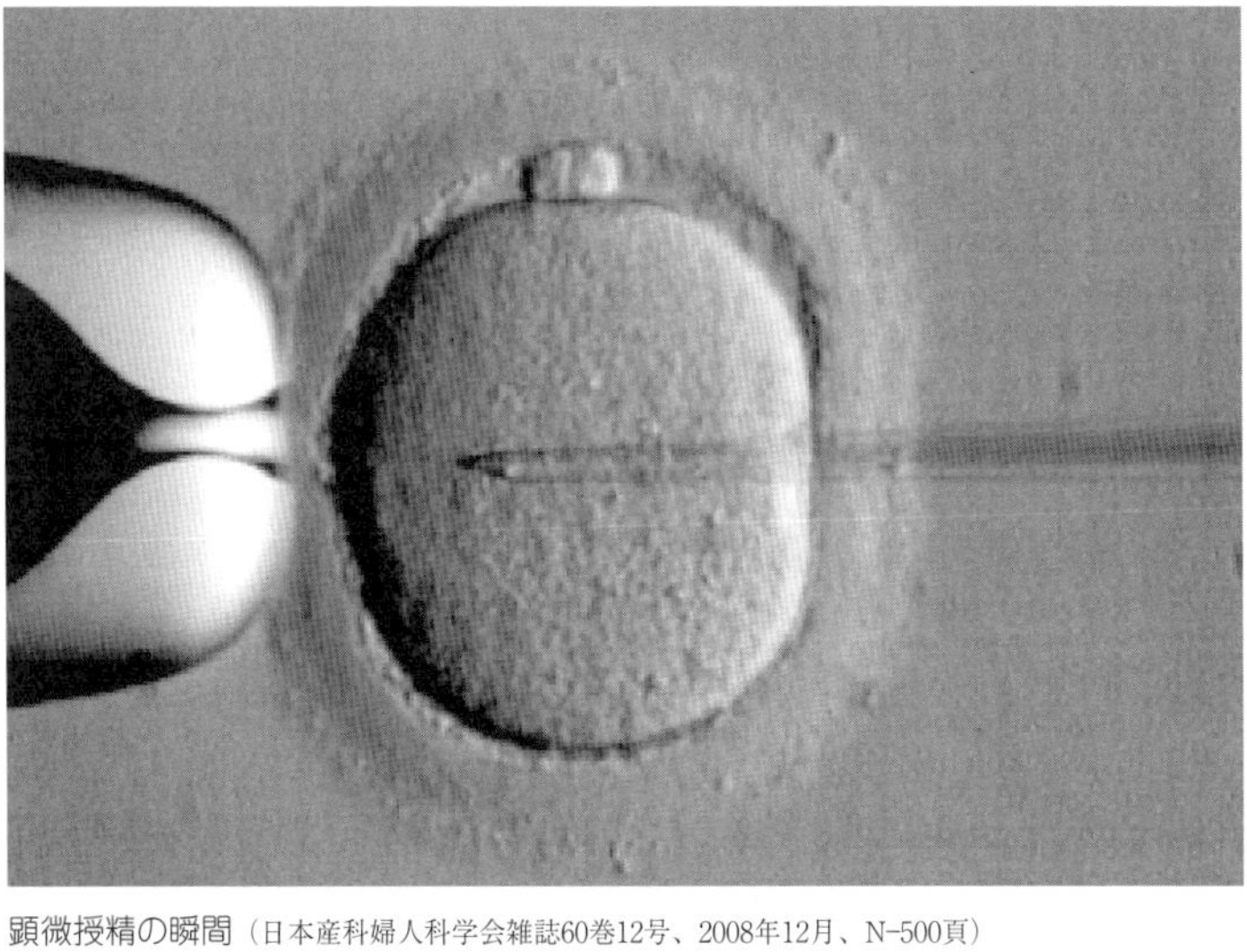

顕微授精の瞬間（日本産科婦人科学会雑誌60巻12号、2008年12月、N-500頁）

本来、子どもは夫婦間の自然的愛情の結びつきの結果として誕生するのが最も望ましいだろう。しかし、場合によっては、自然な生殖作用を営めず、子どもが得られないことがある（統計的には、夫婦のおよそ一割が不妊の夫婦であるといわれる）。不妊の原因には、身体的な機能障害だけではなく、食品添加物、放射能被曝、様々なストレスなどの環境的要因、多様な化学物質等の内分泌かくらん物質の影響を指摘する声も聞かれる。これらの事態に対応し、二〇世紀の終わりにめざましい発展を遂げた人工生殖技術は、自然に支配された領域の生殖を人工的に可能とし、家族のあり方そのものを変容させせつつある。

人工生殖技術を「生殖補助医療」と呼ぶ場合があるが、ここではあえて「人工生殖」とした。それは、技術が本来あるべき「補助」のあり方を超えて、前人未踏の領域にまで利用範囲を拡大しつつあるからだ。技術利用が幅広い展開をみせる段階に至っている現在、その倫理的意味や法的位置づけを問い直す必要性はますます強まっている。本章では、かかる倫理的および法的問いかけに対する答えを模索する。

1　生命の誕生と不妊

一　生命の成り立ち

人間が属する哺《ほ》乳類は、卵子と精子が結合（これを受精という）する有性生殖を行う。科学的に

図1－1　排卵から着床まで

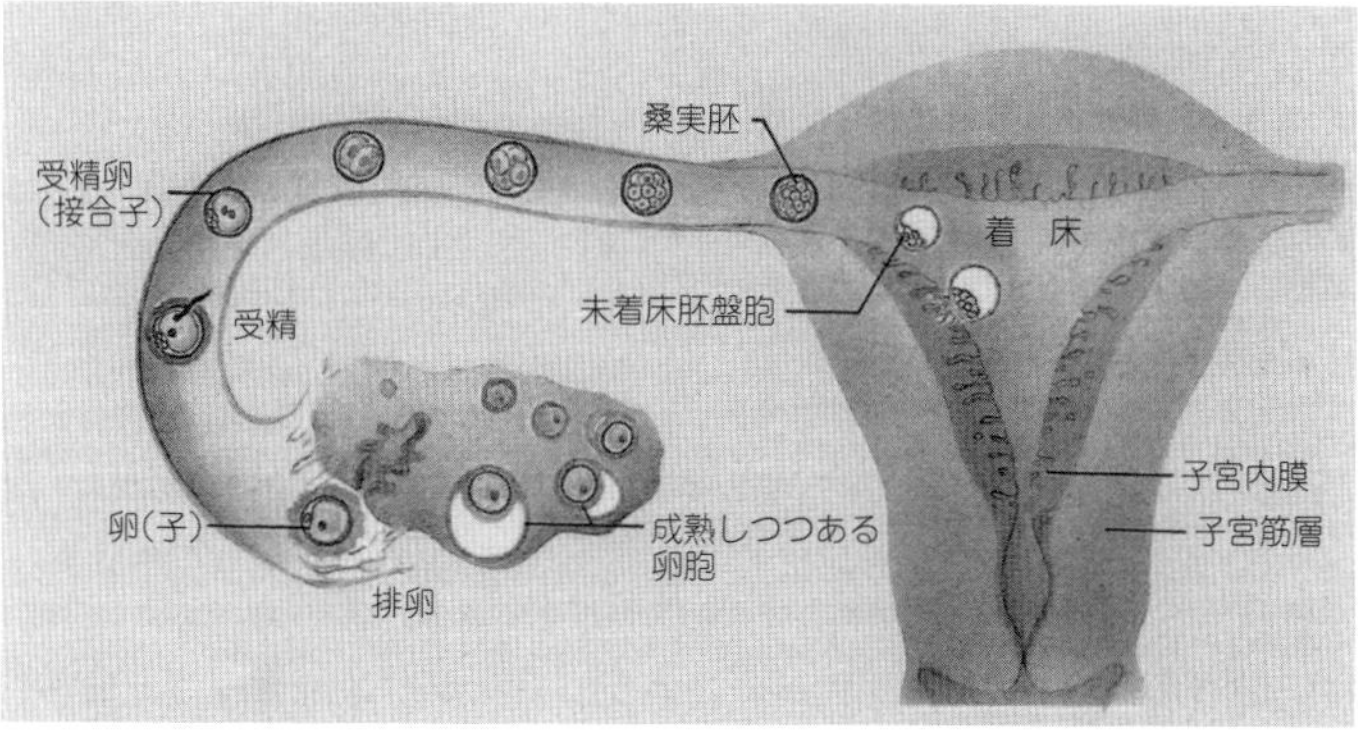

出典：U. Drews（塩田浩平訳）『発生学アトラス』（文光堂、1997年）51頁

は、一人の人間の生命は受精に始まる。人間の体細胞染色体は二三対（四六本）だが、卵子や精子は生殖細胞と呼ばれ、減数分裂によって増加するため、染色体は半分の二三本となる。これらが受精によって融合し、新たな個体の生命が誕生する。

卵子は卵巣でつくられ、平均二八日に一度の割合で排出される（排卵）。排出された卵子は卵管采《らんかんさい》に受け取られ、卵管内の繊毛《せんもう》により子宮へと移動する（図1－1）。その途中で、精子が女性の体内に入ると、精子と卵子が結合し、受精する。

受精卵は、細胞分裂を繰り返して一つの個体へと成長する。まず、受精後およそ二四時間で精子と卵子の核融合が起こる。三日から四日後、受精卵は卵管内にとどまり細胞分裂が始まる。数回の細胞分裂を繰り返した状態を「胚」と呼ぶ（発生学用語では、受精の後、二週までを胚または受精胚、二週以降、八週くらいまでを胎芽と呼ぶ。英語では、いずれもembryo

と称される。これに対し、妊娠九週以降は胎児と呼ばれ、fetusという用語を用いる）。

受精後約七日から一〇日、胚は子宮内膜に着床するが、なかには着床できない胚も存在する。何が着床に影響を及ぼすのかは十分に解明されていない。受精卵自体に問題がある場合、たとえば、染色体異常、その他障害の可能性がある場合には着床しない。ここで自然淘汰が働くともいえる。以上が、妊娠成立のプロセスだ。

二　不妊治療と排卵誘発剤

不妊の多くは、この妊娠プロセスに何らかの問題があるために起こる。不妊原因は様々で、男性原因（乏精子症、無精子症など）も女性原因（無排卵症、卵管通過障害、子宮欠損）もあるが、環境因子やホルモン分泌の問題など、様々な要素が関わっているともいわれる。

不妊治療は不妊原因に応じて様々だが、妊孕性《にんようせい》を高める目的で、女性に対して排卵誘発剤（クロミフェンなど）等が使用される。しかし、排卵誘発剤には、卵巣が腫れる、腹水が溜まるなど、激しい痛みを伴う深刻な副作用があり（卵巣過剰刺激症候群という）、ひどい場合には、卵巣の切除や摘出を要し、血栓による身体麻痺が起こることも、さらには死亡する例もある。

排卵誘発剤は卵子の成熟を促進し、一度に複数個を排出させるが、排卵数を最も自然に近い一個にすることは、現在の技術では不可能である。その結果生じる問題は、多胎妊娠だ。多胎妊娠では異常妊娠のリスクが高くなる。自然では双胎（双子）が多いが、排卵誘発剤の場合、五つ子、七つ子などの出産例もみられ、母子への影響は甚大である。そのため、妊娠の途中で、塩化カリウムを注射して一部の胎児を殺害する「多胎減数手術」が行われる。

2　様々な人工生殖技術

次に、人工授精、体外受精、代理懐胎などについて、技術のあり方や法的・倫理的問題を検討していくことにする。

一　人工授精

［1］人工授精とは

人工授精とは、男性の精子を採取して女性の体内に注入する方法で（「受精」ではなく、「授精」と表現される）、もっぱら不妊原因が男性側にある場合（乏精子症、無精子症）に用いられる。夫の精子を採取して使用する「配偶者間人工授精」（AIH: Artificial Insemination with Husband's Semen）と、夫以外の第三者（ドナーという）の精子を採取して母体の体内に注入する「非配偶者間人工授精」（AID: Artificial Insemination with Donor's Semen. 近年、HIV感染症のAIDSと区別するために、DI: Donor Insemination と表現される場合もある）に大別される。

ＡＩＨは一七九九年にイギリスで、ＡＩＤは一八四四年にフランスで初の成功例が報告された。

わが国でも、一九四九年に第一号のＡＩＤ児が出生している。

ＡＩＨ・ＡＩＤともに、法律婚の夫婦間で行うことが前提であった。ＡＩＨは、子どもとの血縁関係と社会的事実関係（養育関係）とが合致しているため、ほとんど異論なく受け入れられた。これに対し、ＡＩＤについては、こうした合致がないため、強い抵抗があった。

［2］人工授精をめぐるガイドライン

わが国では、当初、ＡＩＤはあまり問題とされていなかった。実施する医療施設が慶應義塾大学病院だけに限定され、当事者夫婦自身が情報秘匿を希望したからである。ところが、精子提供は可能なのに、卵子提供が容認されないのは不当だとして、卵子提供の容認が求められたことを機に、その実態が明らかになった。

これを受けて、日本産科婦人科学会（以下、日産婦学会）は、一九九七年五月、「『非配偶者間人工授精と精子提供』に関する見解」（二〇一五年「提供精子を用いた人工授精に関する見解」と改定、**表1-1**）を発表した。この指針では、実施医療施設は登録制とし、①被実施者は法律婚の夫婦に限定する、②感染などの危険を考慮し、凍結保存精子を使用する、③精子提供者は匿名とするが、実施医師はその記録を保存する、などとした。ただし、これは、あくまで学会の自主規制であった。

［3］人工授精の倫理問題

人工授精のうち、特に倫理上問題があるのはＡＩＤである。婚姻外のドナーが生殖に関わるた

表1－1　AIDに関するガイドライン

「提供精子を用いた人工授精に関する見解」（2015年6月、抜粋） 1　本法は，本法（筆者注：AIDのこと）以外の医療行為によっては妊娠の可能性がない，あるいはこれ以外の方法で妊娠をはかった場合に母体や児に重大な危険がおよぶと判断されるものを対象とする． 2　被実施者は法的に婚姻している夫婦で，心身ともに妊娠・分娩・育児に耐え得る状態にあるものとする． 4　精子提供者は心身とも健康で，感染症がなく自己の知る限り遺伝性疾患を認めず，精液所見が正常であることを条件とする，本法の治療にあたっては，感染の危険性を考慮し，凍結保存精子を用いる．同一提供者からの出生児は10名以内とする． 5　精子提供者のプライバシー保護のため精子提供者は匿名とするが，実施医師は精子提供者の記録を保存するものとする． 6　精子提供は営利目的で行われるべきものではなく，営利目的での精子提供の斡旋もしくは関与または類似行為をしてはならない． 7　本学会員が本法を行うにあたっては，所定の書式に従って本学会に登録，報告しなければならない．

（日本産科婦人科学会会告）

めだ。これは「婚姻関係の中で生殖を営む」という伝統的な考え方に反する。生殖に婚姻外の第三者が関わりうるかという問題は、人工生殖技術全般に関わる問題として後述するが、ほかにも様々な問題が指摘できる。

①　父子関係の動揺　AIDでは、精子の由来する遺伝的父と、子どもの出生後、実際に養育する社会的父とが別人となる。そのため、どちらが本当の父親なのかの問題が浮上する。父子関係の動揺は、法律上も重要な問題を生じる（［4］人工授精の法律問題、参照）。

②　子どもへの視点――出自を知る権利とアイデンティティ形成の危機　婚姻外のドナーが生殖に関与することは、子どもにとって、いかなる意味を

持つか。まず、子どもは生物学上の父親を知りたいと思うかもしれない。外国では、子どもが一定年齢に達すると、ドナーに関する情報提供を受ける権利（出自を知る権利）を保障するケースも増えている、スウェーデンでは、一九八四年の「人工授精法」で、この権利が明記された。これに対し、日産婦学会会告は、この権利の実現が望ましいとしながらも、規制法がない現状では、当面、当事者の情報を管理するだけで情報提供はしないとした。その結果、ＡＩＤ児には、この事実も、遺伝的な父親の情報も知らされていない。しかし、わが国でも、子どもの出自を知る権利を考慮し、将来的には、精子提供者の情報を知らせる必要があると考えられている。しかしながら、慶應大学病院がこの方針を打ち出した結果、精子ドナーが集まらず、二〇一八年八月よりＡＩＤの新規予約受付を中止した。

これは、わが国で、親自身が子どもにＡＩＤの事実を伝えたくないと考える傾向が強いためでもある。しかし、成長過程で、ＡＩＤ児自身が何か通常の家族とは違う雰囲気を察知する可能性もある。このような場合、真実を隠す家族への不信感と同時に、自分自身のアイデンティティ、そして家族関係そのものが動揺するだろう。事実の隠蔽がはたして、夫婦自身や子どもにとって、本当によいことなのかは疑問だ。

「児童の権利に関する条約」（一九八九年採択、九四年批准。以下、「子どもの権利条約」）には、子ども自身が「できる限り、その父母について知る権利がある」と明記されている（第七条一項）。親の意思や都合で子どもに事実を伝えないことは正当化されえない。さらに、ＡＩＤ児にとって、ドナーとの遺伝的・身体的つながりは一生続く。様々な病気の可能性に備えるため、また、安定したアイデンティティ形成のためにも、子どもに対し事実を伝え、出自を知る権利を保障する必要がある。それが、親としての、そして社会としての倫理的責任ではないか。

③　精子提供という行為の是非と匿名性　そもそも、匿名のドナーによる精子提供という行為そのものが大きな倫理問題をはらむ。精子バンクのない日本では、近年、医療機関を通さず、インターネットで提供者と依頼者が精子をやりとりする現象も起こっている。不妊治療を受ける夫婦にとっては、子どもさえ得られれば、ドナーは偶然的で抽象的な存在なのかもしれない。またドナーの側も「軽い気持ちでの人助け」程度かもしれない。しかし、ＡＩＤが子どものアイデンティティや家族関係そのものを揺るがす可能性を持つとすれば、基本的には精子提供という行為自体、なされるべきではないといえる。仮にこの技術の利用が倫理的に正当化されても、それは、夫婦が技術利用の必要性を真摯に考え、かつドナーに関する説明や情報提供を受ける機会を子どもに保障する場合に限られる。

イギリスでは、以上の理由から二〇〇五年四月以降の提供について、氏名、提供時の最終住所など、ドナーの個人情報をＡＩＤ児に提供することを規定した。

オーストラリア・ビクトリア州では、すでに一九八四年制定の不妊治療法で、卵子や精子、胚を提供するすべてのドナーについて、子どもの出自を知る権利を認め、個人を特定しない情報を渡すこととし、二〇一〇年の改正では、子どもが一八歳に達した場合、ドナーの個人情報提供を受ける権利をいつでも行使できると定めた。

ＡＩＤ児の遺伝的な親（ドナー）やきょうだいを探すためのネットワークがつくられた国も存在する。ある米国人女性は、このネットワークで「ドナー一五〇」という番号の遺伝的父親を探しあて、一四人ほどの遺伝的きょうだいがいる可能性がわかった。その男性は精子バンクに五〇〇回ほど精子を提供したそうだ。同じドナーから生まれた子どもたちが一五〇人ほどもいることがわかったケースもあった。

④　近親婚の可能性　ＡＩＤでは、同一ドナーの提供精子が複数回使用される場合がある。ドナー自身も別に自分の子どもをもうけるだろう。すると、同じ遺伝的父の子であるＡＩＤ児同士やＡＩＤ児とドナーの実子との間で、偶然にも実質的な近親婚が生じてしまう危険性がある。ＡＩＤ児の場合、ドナーとの血縁関係が戸籍をたどることによっては特定されないためだ。そこで、同一ドナーからの精子提供の頻度が規制される傾向がある。日産婦学会は、会告で同一提供者からの出生児は一〇名以内と規定するが、近親婚の可能性が消えるわけではない。

⑤　優生思想の危険性　元来、人工生殖技術は畜産学の領域で研究され、付加価値の高い家畜等を得るために発展してきた技術だ。優生思想とは、優れた素質の者を増やし、劣った素質の者が生まれないようにする考え方である。アメリカの精子バンクでは、肌、髪、瞳の色などを選択でき、知能指数の高いドナーの精子が選べることを宣伝するものがある。先端技術を駆使すれば何が優れ、望ましい「いのち」かを人間自身が判断し、希望にそった「いのち」を意図的につ

くり出すことが可能になるかもしれない。わが国のＡＩＤ現場でも、背の高い人、運動神経のよい人の精子が好まれるという。このほか、一定の遺伝的疾患を回避する目的や男女産み分けのために精子が選別される場合もあるが、これらも優生思想につながる危険性がある。

⑥　死後のＡＩＨ　近年、ＡＩＨの問題も認識され始めた。精子の半永久的な保存が可能になり、事故や病気で死亡した夫の精子を使って、人工授精で子どもを産みたいという要望が出てきた。フランス、アメリカ、イギリスなどでは、すでにこのような訴えが起こっている。いわゆる「死後生殖」の問題だ。わが国では、体外受精に関連して、この問題が生じた（本章三九〜四〇頁）。イギリスでは、死者の生殖年齢の期間、つまり（生存を仮定して）満五五歳の誕生日までは、本人の書面の同意によって凍結保存ができる。また、日産婦学会の「精子の凍結保存に関する見解」（二〇〇七年四月）では、凍結保存精子は本人の死亡を確認した場合、廃棄するとしている。

⑦　同性愛者、独身者の利用　ＡＩＤは、同性愛者や独身者が子どもをもうけること（以下、挙児と表記）を可能にした。アメリカでは、提供精子により挙児する独身女性が多く（わが国でも一九九八年一二月に同様の出産事例が報告された）、また、レズビアンカップルとゲイカップルが協力して、協同で挙児するケースも見られる。

日産婦学会会告が定めるように、ＡＩＤの適用条件を「自然の妊娠に障害のある場合」で、「法律上婚姻している夫婦」だけに限るならば、これらは認められない。しかし、同性愛者の技術利用を制度的に認める国も出てきている。ＬＧＢＴという性的マイノリティの人権保護という側面から、イギリスは二〇〇八年「ヒトの受精及び胚研究に関する法律」を改正し、平等原理に基づいて、法律上、同性愛カップルにも人工生殖技術を利用する権利を認めた。また、〇九年四月からは、生まれた子どもの出生証明書にはカップルの氏名を記載している。北欧、オーストラリアなどでも、同性愛者の子どもを持つ権利を認める国がある。この背景には、宗教的な縛りがないこと、深刻な出生率減少がある国が少なくないこともあるようだ。他方、カトリック教の影響の強い国では、同性愛者の生殖技術利用は認めない傾向が強い。しかし、フランスでは、一三年、同性婚が合法化され、同時に、性的指向にかかわらず、親の「子どもを持つ権利」が認められ、養子縁組も合法化された。これを機に、同性婚の女性が生殖技術を利用できるかが議論となり、結果的に二一年六月に認められた。また、日本でも、一九年一〇月、岡山大学の調査で、LGBTカップルに生殖技術を施術した事例が明らかになった。

［4］人工授精の法律問題——AIDと嫡出《ちゃくしゅつ》推定

法律上、特に問題になるのはAIDである。この場合、子どもに対する最終的な責任である親権や扶養、そして相続問題が生じる。

わが国の親族法（民法）によれば、一般に、母は分娩の事実によって確定される（最高裁、一九六二年四月二七日判決）。他方、父は、DNA鑑定などで証明されない限り、子どもの出生時点に確定できないため、法律上の父は嫡出推定によって決定される。つまり、婚姻している妻が分娩した子は、夫の子と推定される（民法第七七二条）。しかし、AIDでは、父と子の遺伝的つながりがないため、この推定は成り立たない。では、父は誰か。

まず、血縁主義を優先すれば、ドナーが法律上の父ということになる。しかし、ドナーは、子どもに対する権利義務を負わないことを前提に精子提供を引き受けるものだ。少なくともわが国では、精子提供そのものは（交通費として実費程度が手渡されることは別として）善意でなされる無償の行為である。しかも、そもそもドナーは子どもの養育意思がないのだから、親としての義務を課すことは子どもの福祉に合致しない。

そこで、ＡＩＤに同意した依頼者たる夫が法律上の父、というのが多数説である。ＡＩＤを受ける場合、治療に先立ち、夫婦が治療の説明を受け、同意するという手続きをとる。養育意思を持つ夫の同意なしにＡＩＤは成立しない。そこで、ＡＩＤへの同意により、夫は第七七二条の嫡出推定と同じ効果を受ける、あるいは第七七六条の嫡出承認が類推される。一度ＡＩＤに同意すれば、信義則あるいは権利濫用の法理によって、嫡出否認権も否定される。あとから同意を撤回するというのは、禁反言則（自分の言ったことを信じて他者が行動した場合、その人に対して反対の事実を主張することができないという法原則）に反するからだ（人工授精子・親権者指定審判に対する即時抗告事件、東京高裁、九八年九月一六日判決）。

逆に、夫の同意なくＡＩＤが行われたならば、夫は嫡出否認権を持つことになる。判例もこれを支持した（人工授精子・嫡出否認請求事件、大阪地裁、九八年一二月一八日判決）。

生殖技術で生まれた子どもの法的扱いについては、二〇二〇年「生殖補助医療の提供等及びこれにより出生した子の親子関係に関する民法の特例に関する法律」（令和二年法律第七六号）が成立し、ＡＩＤの子どもの父親は人工授精に同意した夫であること、またその場合、嫡出否認ができないことが明記された。

わが国で同性婚カップルが生殖技術で子どもを持てるかという問題は、同性婚カップルの婚姻を法律上認めるかどうか、とも関係する。実は、わが国には法律上も認められた「生物学的同性婚」がある。それは、ある女性が性同一障害と診断され、性転換手術を受け、戸籍で男性に性別変更して、女性と法的に婚姻した場合である。この場合、合法的法律婚とされ、ＡＩＤで子どもをもうけた例がいくつかあるようだ。ただし、わが国では、基本的には「同性婚」そのものが合法化されていない。人工生殖技術の適用は、日産婦学会の会告でも、法律婚（ならびに法律婚に準じた事実婚）のカップルにのみ認められている。そのため、現在のところ、同性カップルの人工授精利用を認めることはできないと考えられる。さらに、同性婚がもし法律上認められるようになっても、フランスのように、同性婚カップルが養子縁組できるか、また生殖技術を利用して子どもを持てるかどうか、単純には進展しないように思われる。

二　体外受精

［1］体外受精とは

体外受精（IVF: In Vitro Fertilization）は、不妊の原因が女性側にある場合（卵管閉塞、無排卵症）、特に卵管性不妊症の女性に対する治療が無効な場合になされる。

体外受精の方法は大きく三つある。まず、体外で受精させた受精卵あるいは培養胚を子宮内へ移植する方法（体外受精—胚移植：IVF-ET）、卵子と精子とを培精（混合）して女性の卵管内に移植する方法（配偶子卵管内移植：GIFT）、卵子と精子とを培精させたのちの受精途中の接合子を卵管に移植する方法（接合子卵管内移植：ZIFT）である。

一九七八年、世界初の体外受精児ルイーズ・ブラウンがイギリスで誕生した。これを受けてイギリスでは、生命誕生に技術がどこまで介入しうるかが国家的論議となった。八二年、政府に哲学者をはじめ学際的専門家からなるウォーノック委員会が設置され、八四年、委員会報告書（Warnock Report）が提出された。さらに、同報告書の見解を踏まえ、「ヒトの受精及び胚研究に関する法律」が制定され、同法に基づいて、生殖技術を管理・規制する機関が設置された。

このほか、ドイツではベンダ委員会が設置され、八五年に報告書をまとめた。九〇年には、胚の尊厳を定めた「胚保護法」が制定されている。また、フランスでは九四年、生殖技術のほか、胚研究、臓器移植など、人体に関わる技術のあり方を規制する「生命倫理法」が制定された。

わが国では、八三年に、東北大学で初の体外受精児が誕生した（重度の障害があり、一年後に死亡）。それ以降、体外受精児は増加し、二〇二〇年の出生数約八四万人に対し、日産婦学会の「二〇二〇年分の体外受精・胚移植等の臨床実施成績」によれば、一年間で六万人の体外受精児（顕微授精を含む）が出生しており、延べ七七万人（二二年九月公表）との報告がある。

［2］体外受精に関するガイドライン

体外受精技術を利用すれば、理論的には夫婦でなくても子どもを得られる。しかし、諸外国でも、家族関係の混乱を避け、原則として、法律婚の夫婦、あるいは同等の事実婚夫婦にのみ実施する取り決めをする国が少なくない。

わが国では、日産婦学会会告「『体外受精・胚移植』に関する見解」（八三年一〇月発表、二二年改定、**表1-2**）により、体外受精は、夫婦間においてのみ、また、夫婦の配偶子を使ってのみ実施可能とされている（当初は法律婚に限定されたが、二〇〇六年以降から事実婚も可能となった）。いわゆる「非配偶者間体外受精」は禁じられている。

しかし、この会告を無視し、九八年と〇七年に、長野県で産婦人科医院を経営する医師が非配偶者間体外受精を行った。これを受けて、人工授精の場合と同様、体外受精にも第三者提供による精子、卵子、胚を利用可能にすべきだとの声もある。

厚生労働省厚生科学審議会生殖補助医療部会は、二〇〇三年四月、「精子・卵子・胚の提供等による生殖補助医療のあり方についての報告書」において、提供を受けた体外受精を一定の条件付きで認めるべきだとした。日産婦学会は、〇四年四月、「胚提供による生殖補助医療に関する見解」をまとめ、当面は胚提供を認めないとしたが、付帯事項として、法的整備が整うことを前提に、これを容認することを検討課題とした。なお、上記、厚生労働省審議会報告書の基本的考え方をもとにして、法務省法制審議会生殖補助医療関連親子法制部会も家族法の改正を検討し、

表1－2　体外受精に関するガイドライン

「体外受精・胚移植」に関する見解（1983年10月発表、2022年改定、抜粋）

1　本法（筆者注：体外受精・胚移植という方法）は，これ以外の治療によっては妊娠の可能性がないか極めて低いと判断されるもの，および本法を施行することが，被実施者またはその出生児に有益であると判断されるものを対象とする．

3　被実施者は，挙児を強く希望する夫婦で，心身ともに妊娠・分娩・育児に耐え得る状態にあるものとする．

6　本法の実施に際しては，遺伝子操作を行わない．

顕微授精に関する見解（1992年1月発表、2022年改定、抜粋）

2　本法の実施にあたっては，被実施者夫婦に，本法の内容，問題点，予想される成績について，事前に文書を用いて説明し，了解を得た上で同意を取得し，夫婦各々の自署による同意文書を保管する．

3　本学会会員が本法を行うにあたっては，所定の書式に従って本学会に登録・報告しなければならない．

精子の凍結保存に関する見解（2007年4月発表、2022年改定、抜粋）

1　精子の凍結保存を希望する者が成人の場合には，本人の同意に基づいて実施する．精子の凍結保存を希望する者が未成年者の場合には，本人および親権者の同意を得て，精子の凍結保存を実施することができ，成人に達した時点で，本人の凍結保存継続の意思を確認する．

2　凍結保存精子を使用する場合には，その時点で本人の生存および意思を確認し，本人および当該女性の自署による凍結保存精子使用に関する同意文書を保管する．

3　凍結精子は，本人から廃棄の意思が表明されるか，あるいは本人が死亡した場合，廃棄される．

4　凍結保存精子の売買は認めない．

（日本産科婦人科学会会告）

中間試案をまとめたが、今も法制化には至っていない。さらに、人工生殖技術を扱う医師や専門家で構成される日本生殖医学会（上述の医師も加入している）も、〇九年六月、「第三者配偶子を用いる生殖医療についての提言」を公表した（二〇二〇年改定）。

日産婦学会とは独立して、一般社団法人・日本生殖補助医療標準化機関（JISART、全国二八施設が登録）は、独自のガイドラインと審査機関を設置して、非配偶者間体外受精を若干実施している。

［3］体外受精の法・倫理問題

体外受精をめぐる法や倫理の問題は、多くが人工授精と共通するが、同時に、体外受精固有の問題や、いっそう複雑度を増す問題もある。

①　母子関係の不確実性　ここでは、家族関係を動揺させる非配偶者間体外受精が問題となる。精子提供が認められると、体外受精でも「父は誰か」という問題が生じてくるが、父親の確定については人工授精の場合と同様に考えうる。

問題は、卵子や胚の提供を受ける場合だ。この場合、出産する母親と子どもとの間に遺伝的つながりがない。つまり、「母は誰か」という、新しい問題が生じる。わが国の法原則は「分娩する者が母」だが、これでは子どもの遺伝的母の存在は捉えられない。わが国では、非配偶者間体外受精がいまだ公式に認められていないが、二〇二〇年の「生殖補助医療法」によると、体外受精に関して、提供卵子で生まれた子どもの母親は卵子ドナーではなく、出産した女性とされた。

②　人為的介入の質的相違　人工授精が妊娠を促し、援助する技術という性格が強いのに対し、体外受精は受精から着床の過程を管理下におき、人為的に操作する。人為的介入の度合いは、人工授精とは大きな相違がある。

人為的介入の度合いは「顕微授精」（卵細胞質内精子注入法：ICSI　本章扉写真を参照）でいっそう深まる。顕微授精とは、卵子に針を通して精子を刺入する方法であり、この方法によれば、男性不妊の場合でも、夫自身の精子が使用可能である（体外受精と同様、婚姻関係にある夫婦間においてのみ実施される）。目下のところ、顕微授精による生産率（分娩数を移植回数で割った率）は通常の体外受精の場合よりも低いが、ＡＩＤに代わる男性不妊の治療法として期待されている。その一方で、注入精子の人的選択や子どもの奇形率増加、造精機能への影響など、未解決の問題がある。日産婦学会は、九二年一月、「顕微授精の臨床実施に関する見解」を発表した（二二年六月改定「顕微授精に関する見解」、表1-2）。

③　胚および母体の危険性　体外受精は麻酔下の採卵手術を要するがゆえに、胚および母体への侵襲の度合いが強く、医療技術上のリスクも高い。不妊治療のために使用する薬剤の発がん性問題も一部で指摘されている。胎児が障害をもって生まれるリスクも否定できない。体外受精の生産率は二〇％以下であり、成功には何度も施術を受けなければならない可能性がある。以上のほかに、体外受精は身体的、精神的、さらには経済的にも多大な負担を伴う。

④　いのちを奪う技術――多胎減数手術　多胎減数手術は体外受精との関連も強い。体外受

精では複数の卵子・胚の移植が原因で多胎妊娠となり、減数手術に至ることが多く、「いのちを生み出す」ための技術が、逆に「いのちを奪う」技術を伴っている、という批判があった。

多胎妊娠を極力回避するため、現在では、諸外国に合わせて、受精卵移植一回につき原則一個（女性や卵子の状況により、二個まで認める）としている。ただし、この場合でも、体外受精では多胎妊娠になる確率が自然妊娠より高いとのデータがある。排卵誘発剤等の影響が一部で指摘されるものの、明確な原因はわかっていない。

⑤　着床前診断　「着床前診断」とは、受精胚の一部の細胞を取り出し、染色体や遺伝子の検査を行うものだ。それによって、遺伝病などの可能性を持たない子どもを得るのが目的だ。しかし、ここには、「いのちの選別」が関わってくる。どのような疾患ならば着床前診断が利用可能かという問題だ。日産婦学会は、九八年六月、「着床前診断に関する見解」を明らかにし、「重篤な遺伝性疾患」に限って、学会の許可のもと、試行的に臨床研究を認めてきた。具体例として、比較的幼少期の男子に発症するデュシェンヌ型筋ジストロフィー（二〇歳代で死亡する場合もある）などがある。このほか、染色体転座に起因する習慣性流産にも、着床前診断による受精卵選別が有効であることが認められた。〇四年二月、兵庫県の産婦人科医師が学会の許可を経ずに独断でダウン症候群の着床前診断の実施を明らかにしたが、ダウン症候群は「重篤な遺伝病」とはいえず、現在は適応ではない。性別選択も認められていない。

⑥　死後生殖の問題　人工授精の場合と同様、体外受精も半永久的に凍結した精子や卵子が

用いられるため、本人の死後に行うことも不可能ではない。わが国では、凍結保存精子を用いた体外受精で、死後生殖による子どもがすでに出生している。

愛媛県松山で起こった事例では、夫が白血病にかかり、放射線治療に先立ち、精子を採取して

コラム

不妊治療にかかる時間と費用

人工生殖技術が不妊のカップルに対していきなり用いられることは、それほど多くない。不妊検査が二～三か月かけて行われたあと、妊娠に致命的な器質的障害がない場合には、タイミング法（排卵日を予測して、医師が性交のタイミング指導を行う）、薬物療法（排卵の促進や黄体機能の改善のための経口薬や注射を用いる）などを経て、人工授精が行われるのが一般的である。それでも妊娠に成功しないならば、体外受精などへと進んでゆくのである。そこに至る期間は、治療開始から二年以上といわれる。

タイミング法や薬物療法の段階では、一定限度で保険が適用されるケースが多く、一か月あたりの治療費は平均一万円程度のようだ。人工授精には保険適用がなく、一か月あたりの治療費は平均二～三万円程度だという。さらに、体外受精に至ると、保険適用がない高度医療であるため、かかる費用は一回二〇万～五〇万円と大きく跳ね上がる。

少子化対策の一環として、二〇〇四年度から、体外受精などに関して国庫助成する「特定不妊治療費助成制度」が始まり、晩婚化の増加に伴い、助成内容は年々拡充され、女性のみならず男性不妊にも広まった。しかし、治療の身体的、経済的、精神的負担が叫ばれ、二二年四月より、年齢に限定して国民健康保険が適用可能となった。対象は四三歳未満の女性であり、四〇歳未満は（一子につき）通算六回まで、四〇歳以上四三歳未満では同通算三回まで三割負担となった。金銭問題は多少解決したが、不妊治療の女性への負担は変わりない。不妊治療が本当にカップルの自由な選択に基づくものか、考えてみる必要がある。

凍結保存した。妻は人工授精を受けたが妊娠に至らなかった。夫はいったん退院するが、再度病気が悪化し、一九九九年に死亡した。その間、妻は不妊治療を続け、夫が死亡したのち、体外受精により男児を得た。元妻は子を死亡した父の子として出生届を出した。これが受理されず、不服申立てを行ったが、最終的に認められなかった。そこで、元妻は、民法第七八七条の「死後認知」（親の死亡の時から三年以内に認知請求を可能とする規定）に基づいて、死亡した父の子として認めるよう訴訟を提起した。

第一審の松山地裁（二〇〇三年一一月一二日判決）は、子の懐胎時に死者であった者を父とすることは社会通念に合致しない、親子関係（親権、扶養、相続）を認める法的利益もないなどとして訴えを棄却したが、第二審の高松高裁（〇四年七月一六日判決）は、父と子の間の血縁関係は明白であり、死亡した夫も死後の体外受精に同意していたとして親子関係を認めた。しかし、最終的に最高裁（〇六年九月四日判決）は、現在の民法は死後生殖を想定せず、その親子関係を定める立法がない以上、法律的親子関係は認めないとして、死後認知の請求を棄却した。

このほか、死亡した男性と事実婚のカップルにあった女性が、男性の死後、凍結保存精子を用いて体外受精によって子をもうけた事例（東京地裁、〇五年九月二九日判決）があるが、ここでも死後認知は認められなかった。これらの事件を受け、日産婦学会は「精子の凍結保存に関する見解」（表1-2）を公表した。この背景には、既成事実を法的に認めると、同様の事例があとを絶たなくなることがある。しかし、子どもの福祉を中心に考えれば、親子関係が明白である以上、死後認知を認めるべきだ、とする意見もある。

⑦　晩婚化と卵子凍結　女性の晩婚化と高年妊娠によって不妊傾向が強まるとされる。これを避けるため、若い時期に採卵し凍結保存することが一部でなされるが、凍結卵子による体外受精の妊娠率、出産率は低い。採卵手術に伴う一連の処置のリスクもあるため、安易な宣伝や利用は控えるべきである。

⑧　非配偶者間体外受精の問題　人工授精でのＡＩＤのように、第三者から精子や卵子の提供を受けて子どもが生まれている（JISARTなど）。非配偶者間体外受精の事例が少なく、そこにどのようなリスクや問題があるのかについてもまだ不明確である。しかし、ＡＩＤと同様、子どもの出自を知る権利の問題や家族関係の錯綜問題が生じる。

卵子提供は侵襲性の高い採卵手術が必要である。排卵誘発剤のホルモン剤や麻酔剤の副作用リスクがあるため、卵子提供者への支払いは高額となる。生殖の重要性を知らない若者たちが、広告に乗せられて安易に提供する危険性がある。これには注意喚起が必要である。

三　代理懐胎

［1］代理懐胎とは

「代理懐胎」とは、子どもを持ちたい女性（依頼女性）が、生殖医療の技術を用いて妊娠・出産することを他の女性に依頼し、生まれた子を引き取ることである。通常、依頼者と妊娠・出産する代理懐胎者との間には「代理懐胎契約」と呼ばれる契約が結ばれる。

代理懐胎には、サロゲート型とホスト型という二種類の方法がある。「サロゲート型代理懐胎」は、依頼者の夫の精子を代理懐胎者の子宮に人工授精の手技を用いて注入して懐胎させ、妻の代わりに妊娠・出産する。「ホスト型代理懐胎」は、一般に、妻の卵子を体外に取り出し、夫の精子と受精、胚となったものを代理懐胎者の子宮に移植して懐胎させ、妻の代わりに妊娠・出産する。そのほかにも、さらに別の女性から卵子提供を受け、受精胚をつくって代理懐胎者に移植するケースなどもあるが、これも広義の代理懐胎といえる。

世界的には代理懐胎を禁止する国が多い。イギリスは、非商業的な代理懐胎を認めるが（ただし、代理懐胎者に対する実費供与は禁止されない）、ドイツでは、一九八九年の「養子斡旋《あっせん》・代理懐胎者斡旋規制法」により、代理懐胎者の斡旋を刑事罰で禁止し、「胚保護法」（九〇年）では卵子の由来する本人以外の女性への卵子や胚の移植を禁止し、代理懐胎を禁止する。フランスでは、九四年「生命倫理法」で、人体の尊重、不可侵性、不可譲性などの原理に基づき、代理懐胎契約は無効とされ、有償・無償の仲介行為に刑事罰が科されている。

［2］代理懐胎についてのガイドライン

わが国の日産婦学会会告では、人工生殖の被実施者は夫婦に限られ、代理懐胎は認められないが、二〇〇一年五月、ある医師が姉妹間で代理懐胎を実施したと報道された。同学会は、〇三年四月、「代理懐胎に関する見解」（表1-3）によって、有償・無償の代理懐胎を禁止したが、この

表1－3　代理懐胎に関する見解　(2003年4月、抜粋)

代理懐胎の実施は認められない．対価の授受の有無を問わず，本会会員が代理懐胎を望むもののために生殖補助医療を実施したり，その実施に関与してはならない．また代理懐胎の斡旋を行ってはならない．
理由は以下の通りである．
1)　生まれてくる子の福祉を最優先するべきである
2)　代理懐胎は身体的危険性・精神的負担を伴う
3)　家族関係を複雑にする
4)　代理懐胎契約は倫理的に社会全体が許容していると認められない

(日本産科婦人学会会告)

会告にも反して、〇六年一〇月、同医師は子宮を失った娘に代わって五〇歳代の実母が代理懐胎したと公表した。

海外で代理懐胎を行う者もいる。アメリカで代理懐胎をすると、出生証明書には依頼者夫婦の名が記載される。これを日本大使館または領事館に持参すれば、実子として登録される。虚偽の届出だが、事実関係が確認できないためである。しかし、〇三年一〇月、出生届が受理されないケースが生じた。「五〇歳以上の女性が母の場合、出産の事実を確認する」という六一年の通達に基づき、法務省が事実関係を確認した結果である。ただし、国籍取得については、依頼者である日本人の夫の精子が用いられたことが確認できれば日本国籍を認めることとした（胎児認知が行われたと解釈し、依頼者である夫の非嫡出子だと理解された）。

［3］代理懐胎の法・倫理問題

代理懐胎にも多くの法律問題や倫理問題がある。

①　身体の道具化　　イギリスのウォーノック委員会は、多数意見として、代理懐胎は他者の子宮を孵《ふ》卵器として利用

し、身体の道具化を意味するため、他者の身体を自己の目的達成の手段にすることは非倫理的だと批判した。

人間の身体をはじめ、配偶子、受精胚など、生殖に関わるものが様々なかたちで道具化され商品化される点は、人工生殖全般に通底した問題でもある。のちに改めて考えてみたい。

② 妊娠・出産による身体へのリスク　わが国の議論では、とりわけ日産婦学会は、妊娠・出産が、代理母の健康や生命を大きな危険にさらすと批判する。妊娠・出産は女性の身体にとっては常に危険と隣り合わせの状態だ。わが国の妊産婦死亡率（妊産婦死亡とは、妊娠中または分娩後四二日以内の母体の死亡をいい、対出産一〇万件における割合）は、近年では三前後（二〇二〇年度人口動態統計、死亡、妊産婦死亡数・死亡率）、総数三〇件前後の死亡例がある。加えて、近年、分娩を引き受ける医師や医療機関が減少し、妊産婦が搬送中に死亡する例すらある。代理懐胎を引き受ける際のリスクは計り知れない。この契約は代理懐胎者のリスクをどの程度考えているのか。

③ 金銭報酬　代理懐胎契約において支払われる金銭報酬をどう理解するかも問題だ。精子や卵子の提供の場合にも有償で提供してよいかが問題となるが、特に代理懐胎契約の場合、生まれた子どもの引き渡しが条件となるため、もし（医療費、交通費、被服費などの必要経費以外の）報酬が支払われた場合、子どもの「人身売買」にあたらないか。

④ 階層格差の助長　金銭がからむ場合、依頼者はたいてい裕福な階層であり、代理懐胎をする女性の多くは貧しい階層であり、社会的格差を固定化するおそれがある。実際、アメリカで

は、キャリアを持つ女性が仕事の中断を避けるため、代理懐胎を依頼するケースがある。かたや代理懐胎する女性は、貧困層ではないものの、何らかの経済的問題を抱えており、臨時収入を求めて引き受けるケースが少なくない。

最近では、アメリカでの代理懐胎は費用がかかるため、インドやネパールなど、人件費の安い途上国で代理懐胎を行うケースもある。生命・身体の商品化が世界の経済格差をいっそう助長することが懸念される。

⑤　子どものモノ化　　代理懐胎契約では、出産後、子どもは依頼者夫婦に報酬と引き替えに渡されるが、代理懐胎者と依頼者夫婦との間に引き取りをめぐって争いが生じることがある。また、依頼者夫婦が離婚し、どちらが引き取るかを争うケースや、子どもに障害があると、代理懐胎者・依頼者双方が引き取りを拒否するケースもある。子どものいのちがまるでモノのように扱われる。

⑥　中絶選択権の侵害　　中絶は妊娠する女性が決めるべきとされる場合も少なくない。しかし、代理懐胎者は自分の意思で中絶することは認められていない。逆に、妊娠中に羊水検査などの出生前診断を受け、胎児に障害が判明した場合には、中絶が契約上決められていることが少なくない。中絶の選択が女性の自己決定権だと理解するならば、代理懐胎契約はこの権利を侵害するものになる。

［4］代理懐胎をめぐる事件――アメリカの場合

代理懐胎をめぐる法律問題としては、やはり「母は誰か」という問題がある。そこで、各国で実際に起こった事件を通じて、親子関係の問題を検討しよう。

まず、アメリカの場合である。代理懐胎をめぐる代表的な事例として、いわゆる「ベビーM」事件がある。この場合はサロゲート型の代理懐胎であり、一万ドルの成功報酬で代理懐胎契約を結んだメリー・ベス・ホワイトヘッドが、出産後、子どもの養育権譲渡を拒否したため、生物学上の母で、産みの母のホワイトヘッドと、代理懐胎の依頼者であり、子どもの遺伝的父ビル・スターンとの間で親権および養育権が争われた。

一九八七年、ニュージャージー州第一家裁は、代理懐胎契約の合法性を認め、親権は代理懐胎の依頼者にあるとした。これに対し、八八年のニュージャージー州最高裁は、特に代理懐胎契約が有償である点で公序良俗に反し、無効であると判断し、代理懐胎者ホワイトヘッドの親権を回復した（ただし、養育権は依頼者のスターンに帰属するとされ、子どもはスターンが引き取った。ホワイトヘッドには訪問権のみが認められた。この判断には、両者の経済状況に関する判断が影響を与えたとされる）。

連邦政府は、この事件の反省を踏まえて、八八年に「援助された妊娠による子どもの地位に関する統一法」という立法モデルを策定した。それによれば、各州は、裁判所の承認に基づいた代理懐胎契約を有効とするA案と、これを無効とするB案のいずれかを選択することとなった。

ホスト型の代理懐胎が争われた代表的なケースとしては「カルバート対ジョンソン事件」があ

る。カルバート夫妻は、代理懐胎契約により、夫婦の卵子と精子を用いて受精した受精胚を代理懐胎者となる女性ジョンソンに移植し、子どもが出生した。ところが、ジョンソンは、生まれた子は自分の子だと主張し、子の引き渡しを拒否した。このケースは、子の「遺伝的な母」と「妊娠・分娩する母」とが異なるケースであり、母親の決定にどのような関係が重要なのかが注目された。

第一審判決（九〇年）では「遺伝的な母」を重視して、また、第二審のカリフォルニア州最高裁判決（九三年）では誰が「子を育てる意思」を持って出産に関わったかに着目して、結論としてはいずれも、依頼者側のカルバート夫人こそが母親だと判断した。代理懐胎者ジョンソンと子との間には遺伝的関係がなく、そもそも養育の意思もなかったという理由だ。しかし、これでは、一〇か月にも及ぶ妊娠期間や出産という重大な出来事がまったく考慮されず、結局は、経済的に恵まれた環境にある依頼者側の立場が優先されたのではないか、との批判もある。

［5］代理懐胎をめぐる事件――フランスの場合

フランスでは、一九九一年、破棄院（わが国の最高裁に相当）判決により、「子宮および母子という身分は、人権の基盤であり、譲渡不可能である」という考えが確立され、九四年の「生命倫理法」制定以来、代理懐胎を禁止してきた。しかし、現実には、生まれてきた子と依頼者カップルの親子関係を争う裁判が相次いで提起されている。

メネッソン夫妻は、夫の精子と提供卵子によって、アメリカ・カリフォルニア州で代理懐胎契約を結び、二〇〇〇年一〇月に双子を得た。同州の親子関係証明書に基づき、同年一一月にフランスで実子として出生届を出したが、母親決定の原則に反するとして、子の身分偽装未遂で夫妻は訴えられた。〇七年一〇月、パリ控訴院はアメリカで作成された出生証明書の転載を認める判決を下したが、最終的にはこれは認められなかった。

しかしながら、代理懐胎の子どもの地位については、「私生活と家庭生活の尊重に関する権利」を保障する欧州人権条約（第八条）に反するとして、欧州人権裁判所に訴訟が提起され、一四年、代理懐胎を認めない国内法は容認しつつも、親子関係まで認めない状況は欧州人権条約に違反すると判断された。これを受け、以後、フランス破毀院では代理懐胎で生まれた子と精子提供した父の父子関係を認め、騰記を認めるようになった。一九年五月、メネッソン夫妻についても、破毀院は、夫は精子の由来する遺伝的父として、また母親は子どもの出生を承諾した意図の母親として騰記を認めるとした。

［6］代理懐胎をめぐる事件——日本の場合

代理懐胎をめぐる争いは、わが国でも起きている。代理懐胎の依頼者である妻は、子宮頸《けい》ガンにより二〇〇〇年、子宮摘出手術を受けた。しかし、卵巣は温存されたため、アメリカ・ネバダ州に住む女性と代理懐胎契約を結んだ。妻の卵子と夫の精子を用いて体外受精を行い、それを代理懐胎者に移植し、〇三年、双子の男児が誕生した。夫婦はネバダ州の裁判所で親子関係を確定する判決を得て帰国した。妻はタレントであり、取材や報道を通じて、一連の代理懐胎行為を公にしていた。〇四年一月、管轄役所へ双子の出生届を提出したが、受理されなかったため、処分取消しの申立てがなされた。

東京家裁の決定（〇五年一一月三〇日）では訴えが却下されたため、即時抗告した。第二審の東京高裁の決定（〇六年九月二九日）では、子どもは夫婦の胚を代理懐胎者に移植して生まれたという根拠から、一審の審判を取り消して出生届の受理を命じた。ところが、第三審の最高裁決定（〇七年三月二三日）は、現行民法では妊娠・出産していない女性を母とする規定がなく、出産した者を母とせざるをえないとして、依頼者の妻を母とは認めない判断を下した（最終的に、依頼者夫婦は、戸籍上、特別養子縁組という制度により、双子を夫婦の子どもとすることとなった）。

この決定の際、最高裁判所裁判官から、代理懐胎を認めるかどうか、また、この技術で生まれた子の扱いを法的にどう処理するのかを含めて、「現実に対応できる立法を望む」という示唆がなされた。これを受けて、日本学術会議に「生殖補助医療のあり方検討委員会」が設置され、報告書「代理懐胎を中心とする生殖補助医療の課題――社会的合意に向けて」（〇八年四月）が法務大臣・厚生労働大臣に提出された。報告書は、代理懐胎が女性の身体や生命を危険にさらすものであり、倫理的には認められないとして、これを原則禁止すること、しかし、（生まれつき子宮がないロキタンスキー症候群、子宮ガンなどにより子宮摘出手術後のケースなど）その方法によってしか子どもを持てない場合については、「試行的実施」によって、一定の規制や管理のもとで、代理懐胎を可能にする道を開くことを提言している。二〇二一年八月、自民党の中で代理懐胎を条件

表1－4　人工生殖の親子関係

	種　類	妊娠・分娩者	卵　子	精　子
人工授精	AIH	妻	妻	夫
	AID	妻	妻	ドナー
体外受精	配偶者間	妻	妻	夫
	精子提供型	妻	妻	ドナー
	卵子提供型	妻	ドナー	夫
	胚提供型	妻	ドナー	ドナー
代理懐胎	ホスト型	代理懐胎者	妻	夫
	ホスト型（精子提供）	代理懐胎者	妻	ドナー
	ホスト型（卵子提供）	代理懐胎者	ドナー	夫
	ホスト型（胚提供）	代理懐胎者	ドナー	ドナー
	サロゲート型	代理懐胎者	代理懐胎者	夫
	サロゲート型（精子提供）	代理懐胎者	代理懐胎者	ドナー

つきで認める法改正案づくりが始動した。

［7］錯綜する親子関係

わが国では、サロゲート型には批判的だが、ホスト型についてはこれを容認する意見もある。依頼者夫婦との遺伝的関係が強いからだろう。しかし、親子関係の錯綜という点では、むしろホスト型の方が深刻なのである。子宮を摘出した娘のために、その母親が娘の卵子と娘の夫の精子で体外受精させた胚の移植を受け妊娠・出産するケースでは、彼女は生まれてきた子どもの母親なのか、それともおばあちゃんなのか、私たちの常識を混乱させる事態だ。

さらに、第三者から卵子や胚の提供を受けた代理懐胎の場合には、「遺伝的母」（卵子由来者）、「出産する母」（懐胎・分娩者）、そして「養育する母」（依頼者）の三者が分離する。母親性がすべて分断されることになり、事態はますます複雑になる。

このように代理懐胎を考慮に入れることで、表1-4に見られるように、人工生殖には、実に一二種類の親子関係パターンが出てくる。これらの問題を総合的に考慮すれば、代理懐胎は、人工授精や体外受精以上に倫理的正当化の困難な行為だといえそうである。

3　人工生殖が問いかけるもの

生命については自然にまかせるべきであり、人為的介入はすべきでないとの批判があるかもしれない。しかし、医療自体が、ある意味では生命への介入だと考えれば、生命への人為的介入のすべてが問題なのではなく、介入には許容限度があると考えてよい。

また、生命への介入が問題なのではなく、生命誕生への介入が問題だ、誕生への介入は生命の神聖性・神秘性を汚すもので許されないという批判があるかもしれない。しかし、通常の妊娠でも、性交渉にはカップルの意図が入るし、バース・コントロールや避妊なども、広い意味で生命誕生への介入だろう。不妊原因になっている生殖器官などへの治療を目的とするものまで許されないことになれば、あまりに現実的ではないだろう。

ただし、人工生殖が生命の誕生過程を「分断」していることは、これまでになかった介入のあり方だ。こうした分断が、この技術に与《あずか》る人々の生命観や人間観にどのような影響を与える可能性があるかを考える必要があろう。

一　人工生殖技術と人格

［1］　伝統的な生殖観と合理主義的生殖観

人工生殖の問題は、生殖とは何か、家族とは何かという問題を改めて考えさせるものだ。人工授精について、最も早い時期から西洋のカトリック教会が反対を表明した。カトリック教義では、婚姻は互いの人格を与え合う最も親密な関係であり、この人格的交わりの実りとして新たな生命が誕生する。生殖は「婚姻のなかで生命が伝達されていくという特別な性質」（『人間の生命のその起源における尊重と生殖の尊厳に関する教書』一九八七年）を有する。これが「婚姻と生殖との一体性」を重視するカトリックの人格主義的倫理観である。

それゆえ、婚姻と生殖の強固な一体性の中に人為的な技術が介入したり第三者の配偶子が介入することは、神の神聖性を冒瀆《とく》することだとされる。避妊や離婚、そして中絶が反倫理的だとされるのも、このためだ。かかる考え方は、カトリック教徒がさほど多くないわが国でも違和感がなく、「伝統的な生殖観」に合致するといってよい。

しかしながら、医療技術の発展は、人間の生命誕生を「卵子と精子の受精の結果」と、合理的に捉え利用することも可能にしてきた。また、それは特に西洋合理主義、医療のビジネス化と親和性があるように思われる。卵子提供、代理出産、同性カップルや独身者の生殖技術利用といった議論の多い分野は、非常に高価なサービスであるため、特にそれらと密接な関係があり、多くは欧米諸国の先進国に比較的限定され、そこで多くのケーススタディができることが次第にわかってきている。また、生殖技術の利点ばかりが喧伝され、含まれる諸問題についての情報は知られないなど、いのちを扱う治療というより、「ツーリズム」など消費サービスのような販売方法にも留意すべきである。これは、「合理主義的生殖観」と特徴づけうるのではないか。

西洋では、婚姻する男女のつながりもアジアと比べると希薄であり、子どもを持つこともそれほど重大なこととは思われない側面もあり、日本のように「子はかすがい」ともならず、離婚と結婚を繰り返す人も少なくない。また、そもそも結婚の形式をとらず、簡単に離縁できることが若者にも受け入れられているようだ。子どもを持たないカップルも多い。そして、技術を用いてようやく得た子どもがいても、破綻するカップルも多いのが実状である。欧米に限らず、他の諸国でも、都市部では同じような傾向が見られる。かかる人生観や生殖観が、人工生殖技術を受け入れる土壌なのか。これは、生殖の人格からの乖離ともいえるかもしれない。

［2］人工生殖と人格

性交渉や家族関係を「人格」から捉える立場では、親となるべき二人が「体とこころ」を全人格的に互いに与え合い、いのちは誕生する。こうして形成された親子関係において、さらに全人格的な与え合いがなされ、それが相互の人格を形づくる。かかる人格的な絆は、とかく希薄化が危惧される現代社会ではいっそう重視すべきところだろう。むやみに葛藤を生み出す事態をつくり出すことは、子どもの人格に対する攻撃としても非難されるべきだ。これらを考慮すれば、人工生殖の利用は「自然の妊娠に障害のある場合」であって、しかも「最も技術の介入が少ないものを用いる」ことが、法的にも倫理的にも要求される。

［3］人工生殖と人間の尊厳

人工生殖技術は生命誕生過程に介入し、これを様々に分断する。この分断は人間の尊厳に重大な影響を与える可能性がある。人工生殖技術は生命誕生だけでなく、その子どもの素質にも人為的操作を施すことを可能とする側面がある。いのちの「創造」(procreation) というよりは、「製造」(production) に近く、いのちが製品として扱われる危険性がある。さらに、代理懐胎や卵子提供では、経済的に困難な女性が自己の子宮を貸したり、卵子提供で金銭を受け取る場合が多い。そこでは、経済的に裕福な依頼者の意向が、当事者の女性本人の生命や健康の利益より優先される。これらは人間の尊厳を脅かすものだ。

子どもや、女性の身体および卵子や精子を、明らかに商品化したり、モノ化するケース、人間の尊厳を冒すような優生学的選別は、法的規制が認められよう。他方、これらを超えては法は謙抑を守ることが望ましく、技術利用の謙虚さは先進技術を手にした私たちが担うべき倫理的要請である。

二　生殖の意味

［1］ドナーの存在と子どもの尊厳

配偶子や胚の提供の正当性も改めて検討する必要性が残されている。子どもとドナーの遺伝的関係は決して消し去ることはできない。非配偶者間でなされる人工授精や体外受精では、精子や卵子の無償提供という行為が、のちに尊厳を持つ一人の人間存在を産み出すという、価値や人格に関わる次元の行為へと移行する。代理懐胎で見たように、遺伝的つながりがなくても、懐胎する間に子どもへの愛着を感じることがあるのだから、妊娠・出産の過程そのものが、子どもの人格や尊厳に深く関わる行為といえる。とすれば、配偶子や胚の提供という行為それ自体がすでに、生まれてくる子どもの人格や尊厳と無関係ではありえない。

［2］「子どもを持つ権利」という考え方

人工生殖によって、疾病、同性愛の場合など、自然には子どもを得ることのできない人にその可能性を広げることは、すべて人は「子どもを持つ権利」を有するのかという問題に関わるように思われる。技術が開発された当初の前提は、あくまで不妊の夫婦が子を持てるようにというものだった。しかし、すべての人に子を持つ権利が認められるべきだとするならば、異性愛・同性愛に関係なく、また独身・既婚にも関係なく、誰もがこの権利を持つということになろう。事実、人工生殖の規制に対しては、子を持つ権利への侵害だという批判がある。

たしかに、すべての人は「子を持つ権利」を有しているかもしれないが、それはたとえば、すべての人が「結婚する権利」を持っている、というのと同様の意味に考えるべきだろう。万人の有する「結婚する権利」とは、誰しも結婚を妨害されてはいけない（〜からの自由、消極的自由）ということであり、いかなる手段を用いてでも結婚を保障すべき（〜への自由、積極的自由）ことではない。子を持つ権利も同様で、あらゆる手段を用いてでもそれが保障されるという意味ではない。生殖技術の広範な利用を正当化する際に主張される「子を持つ権利」は、実のところ、人間の無際限な欲望追求を正当化し、いのちを商品化するための、隠蔽する婉曲《えんきょく》話法でしかないだろう。また、現在の人工生殖医療技術のあり方も問題である。子を得られる側面ばかりを強調し、かかる欲望を煽《あお》っていることも指摘されている。

［3］不妊という生き方、養子縁組の活用

生殖技術に関しては、保守的なカトリックとはまったく正反対の立場をとるフェミニストたちもまた、リプロダクティヴ・ライツ（第3章「人工妊娠中絶」参照）の観点から批判してきた。それは、生殖技術によって女性の性別役割がさらに強要され、女性の身体や精神が蝕《むしば》まれるという直観的な危機感からである。これを裏づけるかのように、家の跡継ぎを得るため、親族が、生殖技術を利用して、次はぜひ男児を産んでほしいなどと、女性に対して強く勧めることもあると聞く。これは、女性のリプロダクティヴ・ライツという考え方からも決して認められないことだ。みずからの欲望にも、周囲の期待にも煽られることなく、不妊という事実を受容して生きることも一つの生き方ではないか。また、養護施設には親のない子どもたちもたくさんいる。特別養子縁組は、このような身寄りのない子どもたちを戸籍上実子のように扱う制度である。生殖技術の

影に隠れて光が当てられないが、子を持ちたい人たちのための既存の解決策にも目を向けることも必要であろう。

三　残された問題

［1］女性の身体への負担について

人工生殖が女性の身体に大きな負担をかけるという問題がある。排卵誘発剤による卵巣過剰刺激症候群（OHSS）では、女性の死亡例もある。さらに、ホルモン剤の使用が、将来的に女性に乳ガンや子宮ガンなどの副次的作用を及ぼすことも一部で指摘されている。

［2］生まれてくる子どもへの悪影響

人工生殖技術では、精子や卵子、胚の状況がクローズアップされる。ただ、そこにはいくつかの盲点がある。その一つは、それらが女性の子宮に移植されるまで保存、培養される環境についての情報の欠如である。近年、胚培養士（エンブリオロジスト）と呼ばれる職業がある。これまで密室医療で医師が実施してきた胚培養プロセスのベールがはがされ始めている。人工生殖の重要な情報が共有されることが望まれる。

もう一つは、人工生殖と先天異常の関係である。「先天異常の発生割合は自然妊娠・出産の場合と同程度」という情報（吉村泰典著『生殖医療の未来学―生まれてくる子のために』二〇〇四年、診断と治療社、三〇頁）もあるが、日産婦学会「体外受精・胚移植等の臨床実施成績」によると、「転帰不明」のケースが数百と少なくないことだ。顕微授精では明らかに先天異常が多いとされる。子どもの障害発生割合が、自然妊娠より多いかどうかの意見も分かれるが、報告書では重篤な障害や複合的異常も少なくない。生殖技術の普及で子どもの障害が増えたという、小児科医の見解も聞かれる。もし人工生殖技術による先天異常の割合が多いなら、技術を推進したい専門家には「不都合な真実」である。生殖技術情報の透明性確保が、まずこの技術を利用するか否かの判断において重要である。

［3］人工生殖の親子関係に関わる法整備

ドナーが関わる生殖技術で生まれた子どもの法的扱いについては、「生殖補助医療の提供等及びこれにより出生した子の親子関係に関する民法の特例に関する法律」が制定されたが、他方、未解決の課題も多い。法律では、「卵子提供、精子提供による生殖補助医療」を認めた。しかし、ドナーの関わる生殖技術の実施について、国民の間に合意はなく、例外的実施にとどまる。日産婦学会会告も非配偶者間体外受精を原則認めていない。第三者の関わる生殖を認めるかどうか、国民に広く意見を聞く必要はないか。もし認めるとして、どこまで認めるのか、技術の法的規制はどうするのか等についての議論は不十分だ。

また、親の意向で技術利用が進められているが、肝心の子どもの視点や子どもの出自を知る権利について明確な方針はない。出自を知る権利については、ＡＩＤで生まれた人たちの会も立ち上がり、慶應大学病院に提供者情報の開示を求めているが、実現しない。提供者情報の登録や管理、子どもへの情報開示などに関わる法制定や管轄機関設置に関わる準備もまったく進んでいないのが実状である。

また、卵子提供については、ある女性参議院議員が自らアメリカに赴き、二〇一一年一月、五〇歳で出産し、新聞報道やテレビ放映がなされた。しかし、本人は子宮出血が止まらず子宮全摘手術を受けただけでなく、子どもは重度障害で生まれ、何度も大手術を受けている。出血による子宮摘出は、代理出産のケースでもみられていることらしい。生殖技術利用が原因なのか明確ではないが、かかる技術利用の負の側面の情報が広められず、子どもが持てる、という長所ばかりが一人歩きすることとも懸念される。生殖技術を用いた子どもの扱いに関する法制化を急いだのは、この女性議員の関与も大きい。

［4］生殖と家族——西洋的家族観と東洋的家族観の微妙なズレ

「家族」の考え方について、西洋と東洋とに相違のある可能性がある。西洋では、個人主義的家族観の傾向があり、東洋では、血縁でつながれた家族関係の考え方が強い傾向にあるようだ。さらに、東洋が婚姻を重視する家族関係のつながりで結びつくのに対し、西洋では、婚姻を重視しないカップルのあり方、同性婚の容認も広がりつつある。これは、カトリック教会が離婚の禁止や男女の結合の結果の生殖を強く支持したことと非常に対照的である。西洋は、いのちに科学技術を適用することについて、東洋よりも抵抗感が少ないことと符合する。他方、東洋は、いのちを心身合一論で理解し、東洋医学でも、まずは、外科的医療ではなく、漢方医学や食事療法などで健康維持を図ろうとする傾向が強いようにみえる。このことは生殖問題にとどまらず、特に、中絶や脳死などいのち全般の捉え方、また安楽死問題や臓器移植問題において漠然と、しかし次第に明らかに表れてきているように思われる。西洋は身体や権利を理論により合理的に捉え、東洋はそれらを理論のみならず、心身合一的に有機的に考える傾向があるのではないか。このような微妙なズレは、先端医療に関わる倫理問題への回答においても、立場の違いが露呈してきているように思われる。

第2章

人間のクローン

コピーされる「いのち」

『シュピーゲル』表紙

「クローン」とは、もともとギリシア語で「小枝」という意味である。一本の木から出る小枝はすべて同じ遺伝的資質を持つことから、生物学では同一の遺伝的資質を持った生物集団をさす用語として用いられてきた。「クローニング」とは、そのようなクローン生物をつくり出すことである。私たちは今まで、様々なクローン生物の作成を試み、技術の開発に成功してきた。しかし、さらに進んでクローン人間をつくることが許されるだろうか。また、人間の誕生に結びつきさえしなければ、技術を自由に用いてよいだろうか。

技術が可能にしたことをそのまま実現させてよいか、という第1章でも課題とされた問いを、本章ではさらに最先端の技術をテーマにして、人間の尊厳という、より根源的なレベルから考察しよう。

1　ドリー誕生の衝撃

一　ドリー誕生とその意味

一九九七年二月、スコットランド、ロスリン研究所のウィルマット博士らが一匹のメス羊のクローニングに成功したニュースが世界に衝撃を与えた。「ドリー」と名づけられたクローン羊（発表時点ですでに月齢八か月）の誕生は、クローニングによる人間誕生も理論的に可能だと証明したことになるからだ。

クローンは、自然界では無性生殖を営む生物によって生成されるが、有性生殖を営む生物でも人為的にクローンをつくりうる。たとえば植物では、組織片や細胞を抽出し成長させることでクローンができる。動物ではそれほど簡単ではないが、まず一八九一年にウニ、さらに一九五二年にはカエルのクローニングに成功した。

その後も技術は発展したが、ドリー誕生までは、少なくとも哺乳類に関しては、受精胚あるいはその初期段階の分裂細胞以外からのクローン生成は不可能だった。細胞分裂が進み、各々の細胞が役割を持ち始めると（細胞の分化）、生命体全体を発展させうる多能性が消失すると考えられていたためだ。

クローン羊のドリー

ところがドリーの場合は、完全に分化した体細胞から生命を発生させたというのである。成長したメス羊の乳腺細胞をドナー細胞とし、それを除核した未受精卵と細胞膜融合させてできた核移植卵が成長して誕生したのがドリーである（図2-1参照）。

これは、哺乳類であっても、いったん分化して多能性を喪失した細胞の核からクローンを生成できることを意味する。つま

図２−１　核移植過程

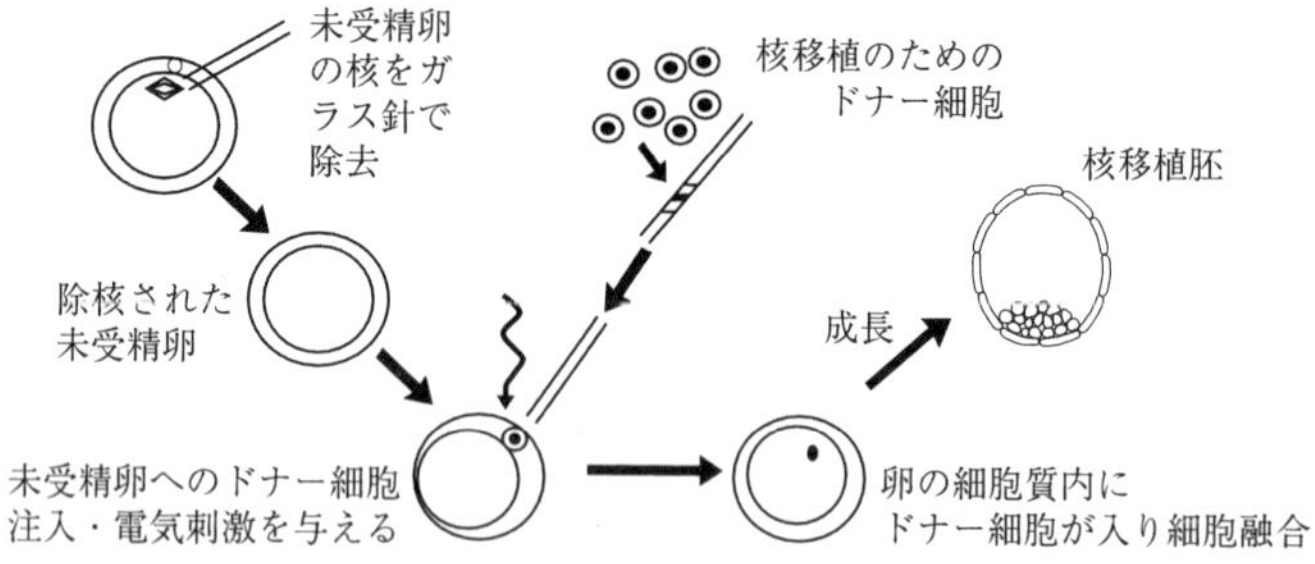

（アメリカNBAC「人間のクローニング」報告書の図４を参考に筆者作成）

り、人間でいえば、成人した大人の体細胞を使って、その人と同じ遺伝子構造を持った子どもが誕生することになる。この方法を「体細胞核移植」という。体細胞核移植によるクローンは特定の個体の遺伝子構造がそのまま受け継がれる。人間に応用されれば、遺伝子構造に関する限り、いわば一人の人間の完全なコピーが可能となるわけだ。しかも、そのような子どもを理論的には無数に創出できるのである（なお、本章では「クローン」「クローニング」という用語を、この「体細胞核移植」によるクローンに限って使用する）。

もっとも、ロスリン研究所はクローン人間づくりを主目的に研究をしていたわけではない。しかし、研究の意図はどうあれ、クローン人間誕生への道を開いた意味は大きい。実際、九八年一月には、アメリカ・シカゴの研究者が人間の不妊治療のためにクローン診療所を開設予定だと宣言した。そして二〇〇二年一一月にはイタリアの医師が翌年一月にクローン・ベビーが誕生すると発表し、〇二年一二月には「ラエリアン・ムーブメント」という新興宗教団体が世界初のクローン・ベビーを誕生させたと発表した（ただし、その真偽のほどは定かではない）。〇九年四月にも、アメリカ人医師が一一個のヒト・クローン胚を四人の女性の子宮に移植したという報道がなされた。その後話題に上ることは少なくなったが、一八年一月、中国でクローン猿が誕生した（翌年には受精卵段階でゲノム編集したクローン猿も誕生させている）。これは医療研究に役立てるためと主張されているが、霊長類初のクローンであり、クローン人間誕生にも一歩近づいたことは確かであろう。

二　各国の対応

まず最初に、各国がクローン人間誕生の可能性にいかに対応したかを概観してみよう。

［1］ヨーロッパの場合

ヨーロッパ諸国は、生殖医療技術に関する既存の法律に基づいて、すばやく対応した。それは、いずれもクローン人間づくりを禁止するというものだった。

ドイツの「胚保護法」（一九九〇年）は、もともと明文で人間のクローニングを禁じている。「㈠他の胚、胎児、人間、死者と同じ遺伝情報を有するヒトの胚を人為的につくりだす者は、五年以下の自由刑又は罰金刑に処す。㈡当該の胚を女性に移植する者も、同様に処す」（第六条）という規定だ。

フランスの「生命倫理法」（一九九四年）は、胚の実験を禁じるが、人間のクローニングについては特に言及していなかった。ただ、大統領見解により、民法などの規定によって、そもそも禁止されていることとされた。①クローニングは「ヒトの子孫への伝達に手を加える目的をもって遺伝的特質に手を加えてはならない」（民法第一六条の四）という規定に反し（厳密には、クローン技術は核それ自体の「遺伝的特質」には介入していないが、「子孫への伝達」には手を加えている）、②「ヒトの選別をなす目的での、いかなる優生学的措置」をも禁じる規定（同条）にも反する（クローニングは既存の細胞から遺伝的素質を選択することを前提とするので、優生学的措置ともいえる）とされていた。その後、二〇〇四年の改正において、禁止が明文化されるに至っている。このように、フランスもドイツと同様、クローン人間を産み出すことのみならず、ヒト・クローン胚の作成も禁止する立場をとる。

イギリスの「ヒトの受精及び胚研究に関する法律」（一九九〇年）は、核の胚への移植は禁じているが（第三条三項d）、卵への移植は明示的には禁止していない。「受精の過程にある卵は胚とみなす」という規定（第一条一項b）によってクローニングは禁止されているという解釈もあったが、二〇〇一年一一月の最高裁判決はこの解釈を否定し、この法律は受精胚に関する規制であって、クローン胚には適用されないとした。そこで同年一二月、クローン人間づくりを禁止する「ヒト生殖型クローニング法」を制定した。ただし、医療研究に限定したヒト・クローン胚の作成については〇一年一月に容認に踏み切っており、〇四年八月には初めての許可が出された。

このように、ヨーロッパにおいては、少なくともクローン人間の生成は法的に禁止されている。

その根拠を一言でいえば、「人間の尊厳」ということになるだろう。その発想はヒト・クローン胚の作成まで禁止するドイツ、フランスにおいて特に顕著だが、ヨーロッパ全体の傾向としても、一九九六年一一月にヨーロッパ評議会で採択された「人権と生物医学条約」（九七年四月署名）の中に明らかにみることができる。本条約は「すべての人間の尊厳とアイデンティティを保護すべきものとする」と第一条で定めている。さらにその後、九八年一月には、クローン人間づくりを禁止する追加議定書が署名された（もっとも、署名国にドイツとイギリスは含まれていなかった。ドイツはその規制が緩すぎるという理由、イギリスは研究者の自由にとって厳しすぎるという理由による）。

コラム

クローン人間の伝説

ヨーロッパには、クローン人間の誕生を予言するような伝説が伝えられている。一六世紀の錬金術師パラケルススは、ホミンクルス（「小人」を意味する）と呼ばれる人間の製造法をあみ出したという。人間の精液を混ぜた馬糞をフラスコに入れて密閉し、四〇日間放置する。これに「人血の秘薬」なる魔法薬を与えながら、一定温度で四〇週間養うと人間が誕生するというものである。ゲーテの『ファウスト』に登場する錬金術師はホミンクルスを誕生させて、こう叫ぶ。「これまで行われていた生殖の方法はむなしい茶番だった！」

また、ユダヤ教には、ゴーレムと呼ばれる巨人の伝説がある。ユダヤ教のラビがカバラの秘法に従って泥人形にemeth（真理）という文字を書き込むと凶暴な巨人が動き出す。これを止める時は、頭文字のeをけずってmeth（死）という文字にするのだという。

クローン生殖の技術を手にした人間は、emethの文字を手に入れたということになるのだろうか。

［2］アメリカの場合

アメリカ合衆国では、ドリー報道のあとすぐ、一九九七年三月にクリントン大統領（当時）が人間のクローニングに関する連邦資金使用の一時停止を命じ、また、私的機関に対してもその趣旨に同調するよう要請した。そして、大統領から諮問を受けた「国家生命倫理諮問委員会」（National Bioethics Advisory Commission: NBAC）が提出した報告書（九七年六月）も、クローン人間づくりの禁止を帰結した。この報告書は、ただちにとるべき行動として、現在の連邦資金凍結を継続すること、私的機関や組織、研究者にも禁止に自発的に従うよう強く要請することを勧告し、さらなる勧告として「研究であれ、治療のためであれ、何人も体細胞核移植クローニングによって子どもをつくる試みをしてはならない旨の連邦法が制定されるべきだ」と述べている。

しかし、アメリカの対応は、以下の点で、ヨーロッパ諸国とは大きく異なる。

① 現在のところ、カリフォルニアなどの州法を除き、少なくとも連邦レベルでは、公的資金を出さないという経済的手段による規制にとどまっていること（クローン研究自体に関する連邦法は、いまだ成立していない）。したがって、私的機関の私的資金による着手は規制されないことになる。それゆえ、前述のシカゴの研究者によるクローン診療所開設のような動きが出てくるのは、ある程度予想されたことといえよう。

② 大統領による禁止も、勧告された禁止も、絶対永久の禁止ではなく「モラトリアム」、すなわち一時停止であること。報告書の中には「現時点では」（at this time, at present）という言葉

が何度も出てくる。

③　それらの特徴の基盤となることだが、禁止の根拠は「危険性」であるということ。たとえば、報告書は次のように述べる。「現時点では、子どもをつくるためにこの技術を使用することは未熟な実験であり、胎児と発育段階にある子どもを受容しがたい危険にさらすであろう。」と。

このように、技術上の安全性問題を超えた倫理判断は回避、あるいは先送りされたといえる。これは深い倫理判断に踏み込んでしまうと、（子どもをつくるということ以外の）クローン技術の有用性まで否定しかねないことへの配慮によるものだろう。報告書は「いかなる規制あるいは立法行為も、他の重要な科学研究の領域を妨害することのないように注意深く定められねばならない。特に、ヒトDNA断片および細胞系のクローニングに関しては、新たな規制は必要とされない」と強調する。

しかしながら、二一世紀に入ってから、アメリカの議論状況は大きな揺れ動きをみせている。〇一年と〇三年に、研究のための胚作成をも含めた人間のクローニングすべてを禁止する法案が下院を通過した。研究や医療のためのクローン技術の使用を広く認めようとしてきたスタンスの大きな転換かと思われたが、いずれも上院で否決され、未成立に終わった。〇九年三月、今度は逆に、オバマ大統領はES細胞研究への政府助成を解禁する大統領令に署名し、〇一年に出されたブッシュ前大統領の助成限定の方針を転換した。しかし、研究目的のヒト胚作成、ヒト胚破壊を伴う研究を禁止する九六年からのディッキー・ウィッカー修正は継続され、ヒト胚からのES

細胞樹立への連邦助成も行われていない。

ともあれ、クローン人間生成について禁止のスタンスをとる場合であっても、その基盤となる考えには二つの方向性があるといえるだろう。ヨーロッパのように「人間の尊厳」に反するものだとして倫理的に正面から否定するやり方と、従来のアメリカのように（特に子どもの）「安全性」問題を持ち出して、いわば側面から否定するやり方である。

［3］日本の場合

わが国では、政府資金の凍結と民間への訴えかけ（一九九七年三月）がなされたのち、九八年八月、文部省（当時）により「大学等におけるヒトのクローン個体の作成についての研究に関する指針」が出された。その内容は、クローン個体生成だけでなく、クローン胚の生成も禁止するというものだった。しかし、特定の機関に限定された「指針」にとどまらず、国全体としての対応が必要だとして、九九年一一月、「科学技術会議生命倫理委員会クローン小委員会」はクローン人間づくりを法律で禁止すべきことを明示した最終報告書をまとめた。これに基づき、二〇〇〇年一一月、罰則つきの「ヒトに関するクローン技術等の規制に関する法律」（いわゆる「クローン技術規制法」）が成立し、〇一年六月に施行された。

本法は、ヒト・クローン胚（そのほかには、ヒト動物交雑胚、ヒト性融合胚、ヒト性集合胚）を「人又は動物の体内に移植してはならない」（第三条）としてクローン人間をつくることを禁止し、違反に対しては「一〇年以下の懲役又は千万円以下の罰金」をもって処罰することとしている（第一六条)。しかし、ヒト・クローン胚の「作成」は禁止行為に入っていない。本法によって策定を委ねられた「特定胚の取扱いに関する指針」(第二条)においては禁止とされたものの、「当分の間」という条件がついていた。その後、「総合科学技術会議生命倫理専門調査会最終報告書」(〇四年七月)は、難病の基礎的研究に限り、作成を容認する方針を出した(生殖補助医療研究の目的で、ヒト胚を作成することも容認している)。そして、〇九年五月には、その方針に従って指針が改正され、ヒト・クローン胚作成が解禁されるに至っている。

さて、この法律の基盤にある考えは何か。たしかに「人の尊厳」という文言が第一条に入ってはいるが、クローン胚の移植の禁止や作成などの規制は「人の尊厳の保持、人の生命及び身体の安全の確保並びに社会秩序の維持」の三つに重大な影響を与えるおそれに基づくとされており、「人間の尊厳」はいくつかの禁止根拠のうちの一つにすぎないと読めなくもない。そして、この法律の目的は、「もって社会と国民生活と調和のとれた科学技術の発展を期すること」と規定されている。上に述べた禁止の二つの方向性のいずれに立つのか、定かではないのだ。法の内容と相まって、本法はクローン人間禁止法ではなく、むしろクローン研究認可法ではないかという批判の論拠になっている点である。

もちろん、クローン人間づくりに関しては全面禁止とされているが、「社会と国民生活と調和のとれた」科学技術の発展のために、(「当分の間」のヒト・クローン胚作成禁止を解禁したことに続いて)なし崩し的に、一定のケースについてクローン人間づくりの解禁へと向かうおそれがないとはいえない。次節にみるように、科学技術の発展は、私たちの日常的な欲求に支えられている側面が大きい。それだけに、クローン技術使用の誘惑は意外に深く根強いものかもしれないからである。その際、「人の生命及び身体の安全の確保」や「社会秩序の維持」だけで議論を導くことができるだろうか。もしそれでは不十分だとするならば、「人間の尊厳とは何か」という根源的な問いに、もう一度向き合う必要が出てこよう。

2 クローン技術の夢と野望

一 科学技術と社会

このように深刻な難問を社会にもたらした直接の原因は、テクノロジーの急速な発達にある。クローン人間の可能性が開かれたことに対して、一般には疑問や反対の声が非常に大きい。これは一つには、科学技術（者）に対する不信感と警戒感に由来するところがあろう。

たしかに、クローン研究は原子力研究などとは異なり、得られた技術を実際に応用するのに大規模な施設や資金を必要としないので、研究室の中でひそかにクローン人間を誕生させることは案外容易なことだ。また、研究が高度に専門分化すればするほど、密室での実験や研究が一般社会からは理解不能になり、その意義の説明がおそろしく困難になっているのも事実だ。「漠然としたおそれ」が生じるのも無理からぬことかもしれない。

とはいえ、クローン人間は科学者の知的好奇心だけで誕生するものではない。科学研究を進展させていくのは研究者の知的好奇心や探求心であるとしても、それを刺激し、助長するのは社会全体のニーズだからだ。ことに現代の科学技術は営利追求と密接に結びついて展開されており、営利追求は市場の可能性のないところでは存在しえない。クローン技術も、まず農業や畜産の分野で発展し、その後、医薬品や医療技術開発へ応用されるようになった。農業にしろ、医療にしろ、社会の側からのニーズがこの技術を動かしてきたのだ。同様に、クローン人間が誕生するかどうかも、社会的ニーズや市場の可能性にかかっているといえる。

　クローン人間づくりの目的は「子どもをつくる」ことである（のちに述べるように、着床させないヒト・クローン胚作成の目的は、主として「病気を治す」ことだろう）。それは決して特定の分野の人々に限られた欲求ではなく、一般社会に生きる私たちすべてが日常の中で持ちうる欲求だ。であればこそ、警戒すべきは科学者である以上に、「どんな手段を使ってでも子どもをつくりたい」という、歯止めのない私たちの欲求の方だろう。ここで問われるのは、科学者の学問研究の自由をどこまで認めるかであるとともに、あるいはそれ以上に、生殖に関する「私たち」の自己決定の自由をどこまで認めるか、ということなのである。要は、「クローン技術を使ってでも子どもをつくりたい」という欲求を正当な社会的ニーズとして容認すべきか否かという問題だ。クローン人間に関する法と倫理の問題は、私たちの「外側」にある問題ではなく、まずは、私たち自身の「内側」に対する問いかけとして受け止めることが求められよう。

現在、生命科学・技術の領域においてはクローン人間づくりよりも、クローン胚を含めた胚や多能性をもった細胞、ゲノム編集に関心が集中しているが、その研究が臨床レベルで何をめざしているかを考えるとき、この観点からの議論を深めておくことはさらに重要性を増してくる。

二　クローニングが考えられるケース

そこで、クローン人間を産み出すことによって何が可能になるのかを、私たちの動機という視点から、具体的に列挙してみよう。

【ケース１】 病気の回避　カップルのうち一方が何らかの遺伝病の保因者で、子どもに発現する可能性が高い場合、他方の体細胞の核を用いるクローニングによって、その病気を持たない子どもをつくることが可能となる。もし保因者が母親である場合、父親になる側の細胞核を母親側の卵に挿入されるので、遺伝的にはともかく、カップルの感情面においては、「二人の子ども」という意識が形成されるだろう。このケースの場合、病気が回避でき、しかも夫婦親子の感情的絆が保たれるというメリットが考えられる。しかしこの場合、遺伝病の有無による生命の優劣判断に基づいて人為的に子どもをつくることが倫理的に認められるか、という問題が生じる。いわゆる「柔らかい優生思想」が動機の背後にあるケースである。

【ケース２】 天才のコピー　クローン技術は、もっと露骨な積極的優生思想の実現に道を開いたといわれる。ドイツの雑誌『シュピーゲル』（一九九七年三月三日）の表紙は、ヒトラーやアインシュタインらの複数のコピーが行進する様を描いていた（本章扉写真を参照）。露骨な遺伝子選別の可能性を指摘したものだ。

もっとも、かかる事態は実際にはありえない。第一に、移植する核を持つ体細胞は生きたものでなければならないから、死亡した人のクローニングは体細胞が凍結保存されていない限り不可能だ。第二に、生きている人（細胞）の複数クローンは、理論上は可能だが、現実的ではない。核移植による胚が着床し出産する成功率を別にしても（ドリーの場合、二七七個の核移植でできた二九個のクローン胚のうちのただ一匹の成功例だった）、人工子宮のようなものが存在しない以上、複数のクローンを産み出すためには、それだけの数の女性が出産を引き受けなければならない。大量出産は事実上ありえないことといえる。第三に、複数のクローンによって何らかの社会変革をもたらすという野望ではなく、ただ一人だけでいいから自分（たち）のために天才を受け継いだ優秀な子どもをもうけたいという願望だったとしても、クローンがこの願望を充たしてくれるかどうかは、かなり疑わしい。まず生物学的にいって、遺伝子がまったく同じでも、表現型（形、色、大きさ、機能という表面から観察できる形質）は同じとは限らず、むしろ外的環境（ことに子宮環境）に大きく左右される。遺伝子が表現型に関与する割合は、一般に三〇％程度ともいわれる。さらに、性格や知的能力に関しては、生育環境の働く余地がはるかに大きいことはいうまでもない。このことは一卵性双生児の例をみれば明らかだ。

このように、一人の人間がまるごとコピーされるというのは幻想に近い。とはいえ、遺伝子という個性を規定する重要な部分でコピーがなされるということは事実だ。この点で、クローン技術は今までの生殖技術とは質的に異なるのであり、積極的優生思想にとっては理想に近づくための格段に大きな一歩となろう。

【ケース3】自分のクローン　クローニングの動機として、自分のクローンをつくることで不死を実現したいという願望もあるかもしれない。むろん、これは単純な誤解であり、遺伝子が同じであるからといって、人格が受け継がれたり重複したりすることがないのは当然である。生前の脳内記憶をクローンに移植することも、当面の間、ＳＦレベルの話にとどまるだろう。ただし、「もう一度人生を一からやり直す」ことはできなくても、自分の「果たせなかった夢をクローンに託す」ということは十分考えられよう。この動機は次のケースにも共通したところがある。

【ケース4】喪失した子どもの回復　愛する子どもを不慮の事故や病気で失った親が、もう一度死んだ子どもを手元に取り戻したいという欲求をクローン技術によって充たそうとすることが考えられる。

もちろん、【ケース2】でみたように、遺伝子が同じでも、生育環境によって性格や能力は大きく異なってくるし、生物学的特徴も決して同一になるとは限らない。そもそも遺伝子自体に関しても、厳密にいえば同一ではない。第一に、ガン細胞に端的に現れるように、歳をとるにつれて細胞には遺伝子にエラーが生じている可能性がある。また、免疫に関わるＢ細胞（抗体を産生する）は、胎児期に遺伝子の再構成を行うという。そのような、全体としての個体を代表するとはいえない細胞が核移植に選ばれた場合、少なくともイメージされた同一性を獲得することは期待しがたいだろう。第二に、エネルギーの生産に携わるミトコンドリアについては卵の方のものが残るが、ミトコンドリアも遺伝子を持つため、核移植される体細胞が卵の由来者と異なる場合は、遺伝子に限っても完全なコピーとはいえない。たしかに、ヒトに関する生物学的情報の重要な部分のほとんどは核の中のＤＮＡに含まれているとはいえるが、厳密な意味で同一の存在はつくりえないのである。

もし仮に期待どおりであったとしても、そもそも死亡した子どもの代わりを求めてクローニングに着手することは、生まれてくる子どもを「代用品」として扱うことにならないか、という問題があるだろう。生まれてくる子どもの尊厳性に関わる本質的な問題だ。

【ケース5】治療に必要な臓器の確保　スペアとしてクローン人間を求める可能性のあるケースとしては、ほかに、臓器などの確保を目的として傷病者の細胞をもとにクローニングすることが考えられる。臓器移植の際の拒絶反応を考えれば、自分と同じ遺伝子を持った臓器や組織を移植することが理想的だからだ。

直感的には、このような目的でのクローン人間づくりは論外だと感じられるかもしれない。たしかに、心臓や肺など生命維持に不可欠だったり、代替や再生の不可能な臓器をイメージした場合、生命や健康を奪うことを前提としてクローンを産み出すわけだから、人間の手段化といえるだろう。しかし、再生可能な臓器などの場合はどうか。たとえば、白血病で深刻な病状にある子どもに組織適合する骨髄を確保するためのクローンであれば、骨髄採取に伴う危険性はあるにしても、生命や健康を必然的に奪うものとはいえない。そして組織適合性はおそらく一〇〇％なのだ。肉体の一部分は手段として求められたといえるかもしれないが、その部分は再生可能であり、しかもその他の点、特に人格それ自体については何かの「代わり」として求められているわけではない。そう考えてみれば、見グロテスクな「臓器の確保」のためのクローンの方が、【ケース4】の「喪失した子どもの回復」としてのクローンよりも、かえって倫理的問題性が小さそうだ。

【ケース6】不妊治療の延長　カップルの両方とも生殖細胞に問題があって不妊の状態である場合、どちらかの体細胞を第三者の女性の卵に移植して子どもをもうける（挙児する）ということが考えられる。これは【ケース3】の「自分のクローン」と結果的には同じことになるが、動機のうえでは不妊治療の延長線上にある。

さらに、たとえば男性が無精子症の場合、一般的には第三者の精子を用いる人工生殖を行うことになるが、他人の精子を用いるよりはクローニングを選択したいというカップルが出てくる可能性がある。男性側の体細胞から女性側の卵に核移植すれば、遺伝的にはもっぱら男性側だけの特質を受け継ぐが、用いられる卵は第三者のものではない。第三者の介入なしに挙児できるということは、不妊に悩むカップルにとって魅力ある選択肢となるかもしれない。女性側の卵に問題がある場合も、この点ではほぼ同様だ。この場合、第三者の卵を用いることになるが、移植されるのはカップルのいずれかの核だから、基本的には、やはり第三者の遺伝的介入を排除できる。

【ケース7】同性カップルの子ども　クローニングは、レズビアンのカップルにとって自分たちの子どもをもうけると感じられる技術だろう。これまでは、女性同士のカップルが子どもをもつためには養子縁組か、あるいは男性の精子を用いてどちらかが人工生殖を受けるしかなかった。しかし、クローン技術を用いれば、一方の体細胞の核を他方の卵に移植することにより、二人の共同作業として子どもをつくることができるようになるのである。

クローニングは異性を前提としないで挙児を可能にする技術であり、一種の無性生殖である。その意味では、同性カップルの夢をかなえるものだといえるかもしれない。

【ケース8】死亡した夫のクローン　同性カップルとともに、事実上、特定の相手の子どもをもうけられないケースとして、夫が死亡してしまった場合が考えられる。愛する夫を不慮の事故や病気で失った妻が、せめて夫の子どもをもうけたいと願う場合、もし凍結保存した精子や受精胚が存在しないならば、最後の手段として、夫の体細胞を用いてクローンをつくるということが考えられる。また、クローンの場合、夫婦の配偶子から生まれた子どもよりも、外観的には夫のイメージにはるかに近いだろうから、夫への思いが強い場合、たとえ凍結保存精子等が存在したとしても、人工生殖よりもクローニングの方を選択したいということになるかもしれない。

以上のように、クローン技術によって今までは夢だったようなことが実現できる可能性が開かれた。その夢をクローンに託すことが誤解や思い込みでしかないケースもあるが、なかにはクローンによってしか実現不可能なものもある。また、直感的に反倫理的で許容できないと感じられるものもあれば、そうでないものもあるようだ。ところがすでに見たように、多くの国々はケースを問わず、クローン人間づくりそのものを全面的に禁じる方向に傾いている。それはなぜか。

3　なぜクローン人間をつくってはいけないのか

なぜクローン人間をつくることを禁止しなければならないのか。その根拠を考えてみよう。

一　倫理的直感に反するからか

人間のクローンをつくることが許されないのは、あれこれ論じるまでもなく、まさに私たちの倫理的直感に反しているからだ、という議論があるだろう。

この種の直感はたしかに大切だが、しかし、それだけでは法的に禁止する十分な根拠にはなりえない。みてきたように、そもそもクローン人間を産み出そうとする理由は、必ずしもすべてが私たちの倫理的直感に反するとは限らないからだ。それでは、直感的に許容できないものだけを法的に禁止すればよいかといえば、そうともいえない。「直感には客観性がない。ほかの人はともかく、私の倫理的直感には反しない」という人をどう説得すればよいか、さらには「直感的に抵抗があるからといって、どうしてそれだけで禁止の理由になるのか」という人にどう反論するか、といった問題が残されるだろう。また、直感は素朴な誤解に由来することもありうる。たとえば、同一の遺伝子構造を持った人間を産み出すこと自体が倫理に反するという意見もみられるが、もしそうならば、一卵性双生児（自然界のつくったクローンといえる）を産むことも倫理に反することになる。やはり、「それは直感に反する」というだけで片づけるのではなく、なぜそう感じるのか、直感の具体的内実を掘り下げて明確化しておく必要がある。

二　社会秩序を混乱させるからか

クローン技術の人間への応用は社会秩序を混乱させるからダメだ、という議論もあるだろう。たしかに、もし、前述のようなクローン人間づくりが実際に頻繁に行われるようになったら、社会にはある種の混乱が起きるかもしれない。そうであれば、法的に規制することも正当化されよう。しかし、仮にそうだとしても、規制はせいぜい一時的なものにとどまらざるをえない。全面的に禁止したとしても、混乱が沈静化した段階では禁止する理由がなくなってしまうからだ。この理由だけを視野におくならば、おそらく最初は厳格な縛りをかけておいて、社会の反応をみながら徐々に規制を緩和していくという対応が最も理にかなった立法手法となろう。

もちろん、長期にわたって社会の側がクローニングを強力に拒み続けるならば、事実上永続的禁止ということになるかもしれない。しかし、体外受精児が登場したあとの経過を思い出してみよう。この場合も報道後、大きな議論が社会に巻き起こったが、時間の経過とともに（あるいは体外受精児が増えるにしたがって）沈静化し、現在では、少なくとも一定の規制の中で行われている限り、大きな混乱や抵抗が生じる社会情勢ではなくなっている。社会的混乱は新しいものへの脅威感から来る反応という側面もある。登場した子どもが脅威をもたらすわけではない（生まれてくるのは私たちと同じ一人の人間である）ことがわかれば、極度の抵抗は消えていくものと思われる。同じことはクローン人間にもいえる。何らかのかたちでクローニングによる子どもの第一号が登場したとすれば、その後は社会的混乱という理由だけでは全面禁止を続けていくことはできないだろう。

そもそも社会秩序の維持というのは、社会を安定させるための法政策的な理由であって、クローン人間づくりに対する倫理的評価を正面から見据えた禁止理由ではない。法的規制の根拠としては、もっと踏み込んだ、その技術、あるいは技術を用いた行為に対する実質的評価を考慮に入れることが必要だ。

三　危険性があるからか

たとえば、クローン技術を子どもづくりに用いることは深刻な危険を伴う、という議論は一考に値しよう。

［1］遺伝的多様性喪失の危険

通常の両性による受精卵形成においては、親子の間でDNAの配列がまったく同じということはありえない。両性による受精卵での出生の場合、血族の間でも遺伝情報の多様性が保持されるのである。ところがクローンの場合、まったく同一のDNA配列が受け継がれるため、この技術が多く用いられるほど人類全体としての遺伝情報の多様性が損なわれていくことになる。この問題は、個性が喪失されるということではなく（前述のように、個性は遺伝子だけで決定されるものではない）、集団としての遺伝子バラエティが乏しくなるため、感染症に対する自然の防御システムが弱められ、クローンの集団がある単一の病気で一斉に死にさらされる危険が大きくなる、ひいては人類全体の存亡に関わりかねない、というおそれである。

たしかに、クローンによる子どもが非常に多くなった場合には、そのような危険があるかもしれない。しかし、一定の枠内（たとえば、不妊治療の延長）で行われる限り、クローンによる出産の比率はそれほど大きくなることはないだろうし、同一遺伝子を持った大集団が形成されるとは考えにくい。また、感染症が発症するかどうかは遺伝子以外の他の要因にもかかっている。治療の発達もありえよう。そう考えれば、この危険性がただちに全面禁止の根拠になるとはいいがたいのである。

［2］生まれてくる子どもにとっての危険

クローニングに使われるのが成人の体細胞だとすると、細胞はそれだけ歳をとっていることになる。もし、核内の遺伝子も同じだけ歳をとっていくものとすれば、クローニングで生まれた子どもの寿命はそれほど長くないかもしれない。また、その子どもが産むであろう次の世代に早死の危険が受け継がれるかもしれない。寿命の問題だけでなく、ガンその他の病気のリスクが増大することも考えられる。実際、細胞のテロメア（細胞分裂のたびに短くなる染色体の末端部分）の長さを調べてみると、クローン羊ドリーのそれは普通の羊よりも短く、六歳の羊と同じくらいだったという（ちなみに、ドリーは六歳の羊の体細胞の核によるクローンだった）。そして、テロメアの長さが寿命と対応するというテロメア説を証明するかのように、ドリーは二〇〇三年二月に、羊の一般的寿命の半分の六歳で亡くなった（ただし、ドリーは同じ飼育場の羊と同じ病気で死亡しており、クローン技術との関連はないかもしれない）。

そのほかにも、クローン牛が巨大胎仔として流産、死産する例が多いことも指摘されている。クローンの場合にはゲノムのインプリンティング（母親由来か父親由来かの印）が行われないために、遺伝子が正しく制御されず、過剰に発現するためではないかといわれている。しかし、たとえそうだとしても、この危険は制御可能だという見解もあり、結局、生まれてくる子どもにとっての危険性は、その結論が出るまでの一時的停止の理由にしかならないだろう。

［3］社会的悪用の危険

たとえば、犯罪組織が捜査を攪乱《かくらん》させるためにクローンを利用するかもしれない。スパイ活動などにも使えそうだ。少々SF小説的だが、ありえないことではないだろう。もし、犯罪やスパイのためにクローニングによって人間を誕生させ、さらに育成教育するとすれば、当然に人格の手段化にあたるが、とはいえ、このような人格の手段化はクローンにのみ起こりうる危険ではない。犯罪やスパイにクローンを利用することは、クローンであることの「悪用」でしかなく、クローニングそれ自体を否定する論拠にはなりえない。

これらから窺われるように、たしかにクローニングによって新たに、あるいはより強いかたちでもたらされる危険は決して小さくない。しかし、危険性という結果の評価だけではクローン人間づくりを全面禁止するほど決定的な根拠はない。少なくとも将来的には、法的に容認するという選択も可能となり、結局、アメリカのＮＢＡＣ報告に基づく禁止のように「一時停止」という選択に至らざるをえないようだ。

四　人工生殖の枠組みはどこまで通用するか

クローン人間づくりに関する技術は、子どもを産み出す可能性を持つという点で、人工生殖と共通あるいは類似した面がある。そこで、人工生殖に関する枠組みに準じてクローンに関する立法を考えることもできる。実際、人工生殖の枠組みを準用するだけでも、かなりのクローン人間づくりは規制対象になるということができそうだ。

第1章では、生まれてくる子どもの人格性を守るという観点から、二つの規制の枠組みを提唱した。その第一は「自然の妊娠に障害がある場合に限る」、そして「最も人為的介入の度合いの少ない手段をとる」という二つである。挙児のための技術の使用は「必要不可欠で最後の手段」でなければならず、通常のかたちで問題なく挙児できる者の願望を援助する性質を持つべきではないからだ。この枠組みからすると、みずから挙児できる者や、そもそも自然の妊娠が成り立ちえない者は、クローン技術の使用から除外される。そして人工生殖が可能ならば、クローン技術を用いる以前に、まず人工生殖によらねばならないことになる。クローニングが「最後の手段」として用いられる余地が出てくるのは、ごくわずかの場合に限られる。【ケース6】「不妊治療の延長」、【ケース7】「同性カップルの子ども」、【ケース8】「死亡した夫のクローン」は基本的にこの理由によって除外されるだろう。

しかし、たとえば【ケース6】で触れたような、カップルの両者とも生殖細胞が配偶子として使えない場合は、この枠組みだけでは除外できない。このケースは、たしかに自然の妊娠に障害があるといえそうだし、クローニングが「最後の手段」だろう。また、「自然の妊娠に障害がある場合」のなかには、不妊だけでなく、自然の妊娠ではきわめて深刻な障害を持って生まれてくることが明らかな場合も含まれる余地があるかもしれない。だとすれば、それを避けるにはクローニングしかないのであれば、少なくとも深刻な【ケース1】「病気の回避」については、容認の可能性が出てこよう。

このように、人工生殖の枠組みだけに基づいて考えるならば、たしかに多くのクローン人間づくりの動機は否定されるけれども、なお、いくつかの否定しきれない例外があるようだ。

五　人間の尊厳に反するからか

クローン人間づくりの禁止論として最も有力なのは、やはり、それが人間の尊厳に反するからということだろう。しかし、どうしてクローニングが人間の尊厳に反するといえるのか。また、もしそうだとしても、例外なく絶対的に損なうといえるのだろうか。序章でみたように、人間の尊厳は決して単一の理念ではなく、様々な理念が複合的に集合した理念群だとみることができる。そこで、クローン人間づくりの禁止理由についても、いくつかの要素に分けて考えるべきだろう。

［1］いのちへの畏敬

本来、人間の尊厳という理念は、人間には他の自然界から隔絶した特別な価値があるとする、いわば人間優越主義の色彩をもったものだった。しかし、こんにちではむしろ逆に、テクノロジーの発達がもたらした人間の傲慢を抑止し、自然の秩序の中に再び人間を復帰させようとする、人間優越主義の否定という意味ももつようになっている。とりわけ生命の問題については、いのちは欲しいままに操作してはならないという「いのちへの畏敬」が人間の尊厳の重要な要素となっている。ここから、クローン人間づくりはテクノロジーの発達に万能感を抱く人間の傲慢の極みであり、いのちへの畏敬の念を喪失した行為であるがゆえに人間の尊厳に反するといわれる。いのちへの畏敬は、ある意味で、人間の原初的直感に依拠する価値観だといえるから、この禁止理由は文化の違いを超えて共感を得やすいものだろう。ただ、個々具体的に、どの程度の操作・介入が畏敬を払っていないことになるのかについては議論の余地があろう。

［2］人格価値の比較不可能性

人間の尊厳には、一人ひとりの人格は等しく尊いのであり、対価をもって比較することができないという「人格の比較不可能性」という要素があると考えられる。そこで、人格がこの世に誕生することに直接的に関わる細胞が売買の対象となり、利益を生むことは、人間が対価をもって別のものに取って代わることができるということを意味する以上、人間の尊厳に反するといえよう。クローン技術についても、生命に関わる細胞（卵やクローンの核になる体細胞など）を商品化することになれば、この理念に基づいて禁止されるべきだろう。しかし、この点だけをもってしては、卵や体細胞が無償で提供される場合や、自分やカップルの相手方の卵や体細胞を用いる場合までは規制できないことになる。

［3］人格の平等性

人格価値の比較不可能性は、個々の人間に価値の優劣をつけることはできないという「人格の平等性」も意味する。したがって、いわゆる優生思想を体現するようなクローン人間づくりは、人間の尊厳に反するといわなければならない。独裁者の大量生産はもとより、【ケース2】「天才のコピー」という夢も、優生思想につながる夢であり、人間の尊厳に反する。しかし、【ケース1】「病気の回避」をただちに禁止対象にできるかどうかは議論の余地があろう。また、「天才のコピー」とはいえない「他者のコピー」（アイドルの子どもが欲しい、あるいは誰でもいいなど）をこの原理だけで禁止することはできないだろう。

［4］人格の目的性・非道具性

人間は常に「目的」として扱われなければならないこと、逆にいうならば、何かの目的を達成するための「手段」や「道具」として扱われてはならないことは、カントによって定式化された最も古典的な人間の尊厳の一要素だ。そこで【ケース3】「自分のクローン」とか【ケース4】「喪失した子どもの回復」などは、みずからの願望を実現するために子どもを手段化していることが明らかであり、人間の尊厳に反する。【ケース2】「天才のコピー」も、優生思想であるばかりか、社会が自分たちの利益のために天才児を利用しようとしているのである。単なる「他者のコピー」であれば、ただちに優生思想に直結するとはいえないが、個人的な願望の実現のために利用しようとしていることにはなるだろう。【ケース5】「治療に必要な臓器の確保」も同様だ。再生可能な組織や細胞をほんのちょっと利用するだけだとしても、そのことがまさにクローン人間をつくる理由だとすれば、やはり子どもの手段化といえる。

［5］人格の唯一性

人間の尊厳を考えるうえで、おそらく最も重要な要素は、個々一人ひとりの人格はかけがえのないユニークな存在だという「人格の唯一性」の理念である。そうであればこそ、個々の人格価値の優劣は比較することができないのであり、道具として利用することもできないのである。人格はすべて同じだから平等なのではなく、すべて異なっているから平等なのだ。この点で、クローン人間づくりは、あらゆるケースについて、行為それ自体が人格の唯一性の理念に反するか、さもなければこれを著しく侵害する可能性がある。

むろん、それは遺伝子構造の同一な個体をつくれば唯一とはいえなくなってしまう、という意味ではない。仮にクローン人間が誕生したとしても、彼（女）がやはり人格の唯一性を有することは明らかだ。遺伝子構造の同一性が人格の唯一性を損なうものではないことは、一卵性双生児の場合を考えてみればわかる。クローン人間が一卵性双生児と異なるのは、そもそも唯一性が期待されておらず、むしろユニークでないことが期待されていること、しかも遺伝子構造の同一性は偶然ではなく、この期待のもとに計画されたものだということだろう。

そして、このように遺伝子構造がトータルに設計されたかたちで誕生してくるクローン人間は、自分の唯一性、自己存在のかけがえのなさを自覚することがきわめて困難に違いない。自己存在のユニークさを実感させてくれるのは、自分のアイデンティティが無限に開かれているという感覚だろうが、遺伝子構造をトータルに設計されたクローン人間は、自分の未来が未知数だとは感じづらい。むしろ、まるで自分を操り人形のように感じてしまうに違いないからである。いかなる生まれ方にせよ、すべての人間はユニークな存在なのであり、人格から唯一性を奪うことはできない。しかしそれにもかかわらず、あえて唯一性の剥奪を意図した技術を用いること、そしてそのことによって唯一性の自覚を抱きづらくすることは、やはり人間の尊厳を損なう行為だというべきだろう。

「喪失した子どもの回復」や「天才のコピー」はもちろんのこと、優生思想に直接は結びつかない「自分のクローン」や「他者のコピー」も、また「再生可能な臓器等の確保」のケースも、生まれてくる子どもはユニークでないことが期待されているのだから、この原理に基づいて人間の尊厳に反するものと考えられる。また、唯一性の感覚を抱きづらくするという意味においては、クローン技術利用のあらゆるケースが人間の尊厳を損なう可能性を持っているといわなければならない。

［6］人間の統一性

フランスでは、人間の種としての統一性を維持することも人間の尊厳の一要素と理解されている。クローニングは単性生殖であり、異種生物の生殖方法の導入を意味するから、種としての統一性を破壊するというのである。単性生殖への後退は人間の優越性に反するという、古典的な人間の尊厳観が背後にあると考えられよう。

六　クローニングと家族倫理

クローン人間づくりのうち、真摯で純粋な意図に基づいた【ケース6】「不妊治療の延長」や子どもの将来を考えた【ケース1】「病気の回避」などは、他のケースと同列に扱う必要はないと考える人があるかもしれない。これらの人工生殖の延長に位置づけられるケースがまったく問題なしとはいえないまでも、その動機は決して悪とはいえず、容認の余地があるのではないかという主張だ。たしかに、少なくとも親になろうとする者の主観としては、人格の平等性、目的性、唯一性を侵害する意図は持っておらず、ただ「自分たちの子どもを得たい」という純粋な思いだけに基づいたクローニングである。しかし、この思いはクローン人間づくりを正当化するものとはいえない。それは次の理由による。

第一に、クローニングで「自分たちの子ども」を得ることはできないからである。クローニングが自分たちの子どもを得る唯一の手段だと本人たちが考えていたとしても、それによって厳密な意味での「自分たちの子ども」を得ることは絶対にできない。なぜなら、クローニングによって生まれてきた子どもは、遺伝的には体細胞の持ち主と「(一卵性)双生児」、つまり兄弟姉妹の関係になってしまうからだ。

これに対し、たとえ遺伝的には兄弟姉妹であっても、出産したのだから、あるいは親になろうと意図したのだから、そのことによって親子たりうるのだという主張がなされるかもしれない。しかし、それはクローンに関しては誤りである。当該カップルは、第三者の卵や精子が入り込むことを排除しようとしている。つまり、そもそも血のつながり、遺伝的つながりに重点をおくからこそクローニングを用いるのであって、遺伝を重視しないのならば、他の方法でよいはずである。したがって、クローニングによって「自分たちの子ども」を持とうとすることは、やはり自己矛盾だといえる。そのような自己矛盾からあえて目をそらし、子どもを自分たちの恣意的な意図実現のために用いることは、人格の「手段化」のそしりを免れないだろう。また、親子か兄弟姉妹かを当事者(しかも、生まれてくる子どもではなくて、親になろうとする側だけ)の主観的決定に委ねてしまうことは、親子関係と兄弟姉妹関係という、本来異なった客観的機能を有する人間関係の枠組みを融解・崩壊させてしまうことにもなろう。

第二に、この場合のクローンとしての子どもの生まれ方は、「子どもの福祉」という観点からみても深刻な問題がある。クローニングによる子どもは、自分は親に対して本当の子どもといえるのかということに加えて、自分は親に対して子どもなのか、兄弟姉妹なのか（遺伝的に兄弟姉妹にならない方の親とはどういう関係なのか）という、人工生殖の場合以上に複雑なアイデンティティの葛藤を抱えて生きていかなければならない。そして、遺伝的に同一の親（希望者）とともに生活し、常に接することで、子どもの「唯一性」に関する葛藤はさらに大きく意識され続けることになろう。仮に、親（希望者）の主観的意図がどれほど純粋で真摯であろうとも、生み出される多くの矛盾や葛藤は、それによっては正当化されえないほどに深刻なものだといえるだろう。

以上みてきたように、クローン人間づくりには様々な観点から数多くの問題点があげられる。その禁止は単一の決定的な根拠に基づくというよりも、多角的・複合的な根拠に基づいていると考えた方がよさそうである。人間の尊厳（そして、それに密接に関わる家族倫理）の問題点をすべて異論なくクリアできるケースは存在しないのであり、そのような意味で、クローン技術を用いた子どもの誕生を法的に全面禁止することには十分な根拠があるといえよう。

七　子どもの誕生を目的としないクローニング——多能性細胞樹立

［1］ヒト・クローン胚作成

さて、それでは、子どもの誕生を目的としないヒト・クローン胚の作成についてはどうか。人間の体細胞による核移植であっても、着床させないならば子どもをつくることにはならないのだから、その限度ならクローニングを認めてよいか。

すでに述べたように、この点に関しての各国の対応は様々であり、わが国では、法においては禁止しておらず、指針において「当分の間」禁止することとしていた。しかし、これも二〇〇九年五月に解禁されるに至っている。クローン人間づくりにつながる着床を全面禁止しているにもかかわらず、どうしてすっきりとヒト・クローン胚の作成自体も禁止しないのか。

それは、その作成が医療研究にきわめて大きな成果をもたらすことが期待されているからだ。たとえば、クローン技術によって見出された細胞の再活性化のメカニズムが解明できれば、アルツハイマー病（神経細胞の再活性化）や白血病（骨髄の正常な機能回復）などの根元的治療が可能になるかもしれない。しかし、それ以上に大きな期待が寄せられているのは、ES細胞（胚性幹細胞）の可能性だ。

ヒトのES細胞は、胚が形成されて五～七日程度経過した胚盤胞から取り出された細胞を培養してつくられる。その特徴は、身体を構成するあらゆる種類の細胞になることができる能力を持つこと（多能性）、そしてほとんど無限に増殖する能力を持つこと（不死性）である。このことから、一定の条件を与えることで、ＥＳ細胞から特定の細胞・組織・臓器だけを無数につくることができるのではないかと期待されている。もし、そのような技術が確立されれば、臓器移植において問題となっている臓器不足は一気に解消するだろう。

したがって、ヒト・クローン胚作成が必要とされる第一の理由として、ＥＳ細胞を樹立するための胚の供給があげられる。クローン胚は理論上、必要な時に必要なだけ作成可能だから、研究のために好都合だろう。しかし、研究のためだけなら、クローン胚を用いなければならない必然性はない。通常の受精胚からでも可能である。二〇〇一年九月に出された「ヒトＥＳ細胞の樹立及び使用に関する指針」では、ヒトＥＳ細胞の樹立の用に供されるヒト胚は「生殖補助医療に用いる目的で作成されたヒト受精胚」のうち、もはや使われる予定がなく、この使用についてインフォームド・コンセントを受けたものに限るとされており（第六条）、限定的とはいえ、受精胚の利用は現在可能な状態にある。二〇一四年には、研究のみならず治療にも使えるように指針が改定されている。

おそらく、ヒト・クローン胚作成が求められる第二の、より重要な理由は、オーダーメイドの臓器・組織・細胞づくりのためだろう。臓器などの移植の成功率、移植後の生存率、生活の質の向上について大きな壁になっているのは拒絶反応である。現在は免疫抑制剤などの投与が行われているが、限界も大きい。もし、当人の遺伝的素質を持った臓器などをつくることができれば、この壁を一気に越えうるが、当人のヒト・クローン胚由来のＥＳ細胞からなら、その夢を実現できるかもしれないのだ。

　このような状況を前提としたうえでなお、ヒト・クローン胚作成を禁止する根拠をあげうるだろうか。前述のように、治療に必要な臓器確保のためにクローン人間をつくること（【ケース5】の典型例）は、人格の手段化などを理由に人間の尊厳に反するといいうる。臓器確保のためにES細胞をつくることは、胚の手段化にとどまるとはいえ、胚は明らかな「生命の萌芽」だ。いやしくも人間のいのちの出発点となりうる胚を、初めから誕生を意図せずにつくるということ自体、いのちへの冒瀆《ぼうとく》であり、人間の尊厳の観点からみて問題がある。

　それに加えて、ヒト・クローン胚やES細胞をめぐるバイオ・ビジネスの動きのすさまじさをあげておく必要があろう。生殖細胞（未受精卵）や胚を用いた「いのちの商品化」の流れは、加速する一方でとどまりようもない。人間の尊厳を重視するならば、この現状を簡単に容認するわけにはいかないだろう。黄《ファン》禹錫《ウソク》ソウル大学教授（当時）が二〇〇四年二月に世界で初めて体細胞由来のヒト・クローン胚からES細胞を樹立したと発表したが、〇五年一二月に、研究用卵子の売買があったことに加え、その論文がねつ造によるものだったことが明るみに出るという事件があった。そして一四年一月、センセーショナルに報道された小保方晴子理化学研究所員のSTAP細胞作成もまたねつ造であったことは、記憶に新しい。

［2］体外受精胚によるES細胞樹立

　上述のように、わが国でもすでに行われ始めていることだが、人工生殖の際に不要になった胚をES細胞樹立のために使用することにも、同じような問題がある。特にこの場合の胚は、カップルがいのちを与え合おうとするプロセスを経てできたものである。それだけに、人間のいのちの誕生以外の目的で用いられるならば、「いのちの手段化」の度合いは、ヒト・クローン胚作成において用いられる未受精卵に対するそれよりも、さらに大きなものになる。たとえ当事者の同意があったとしても「余ったから利用する」という発想は、人間のいのちの扱い方としてふさわしいものではない。

［3］中絶された胎児組織の利用

また、胚や卵子の利用ほど論議の対象ではないが、近年、死産したり、中絶されたりした胎児組織の利用も試みられている。胎児細胞は分裂能力が旺盛であり、様々な細部に分化する幹細胞が多数含まれるため、これらを移植することにより、損傷した組織を画期的に再生できるというのだ。すでに、パーキンソン病、アルツハイマー病や脊髄損傷など、脳や神経に疾患のある患者に胎児性神経細胞を移植して治療するという研究が進められている。ES細胞に代わる、EG細胞（EG: Embryonic Germ. 妊娠五～九週の死亡胎児から取り出された始原生殖細胞を培養して得られる。ES細胞と同様の性質を持つとされる）の有用性についても研究されているところだ。しかしここにも、「いらなくなったから利用する」という「いのちのモノ化」の発想が見出されるだろう。

八　iPS細胞・ゲノム編集と、いのち・子ども・身体

二〇〇七年一一月に、京都大学の山中伸弥教授らが、未受精卵や胚を用いることなく、四つの誘導因子の導入により、人間の皮膚細胞から多能性を持つiPS細胞（人工多能性幹細胞）作成に成功したと発表した。当初はガン化の問題があると指摘されていたが、山中研究室はそのおそれにつながる誘導因子を除いたiPS細胞作成にも成功し、この問題も克服されつつある。

人間のいのちに関わる卵や胚を用いることなく作成されるiPS細胞の登場により、ヒト・クローン胚やES細胞の作成使用についてまわる人間の尊厳問題は回避されたかにもみえる。しかし、iPS細胞から胚や生殖細胞が生成可能になるとしたら、iPS細胞自体が「生命の萌芽」といえるかもしれず、そこで再び「いのちの手段化」が問題になってくる。そして、クローン人間づくりよりも深刻・複雑な難問が生じるおそれもある。自己の細胞から卵と精子を作り出し受精させること、つまり夫婦ではなく一人の人から受精卵をつくりだすことができるかもしれないのである。人工生殖は家族関係を複雑化させ、クローニングは家族の前提となる親子・兄弟という関係自体を溶解させるおそれがあるが、ここに至って【ケース3】「自分のクローン」からさらに展開した、いわば自己完結的家族形成の可能性が生み出されつつある。

より現実的に起こりそうなのは、【ケース7】「同性カップルの子ども」をクローニングによらない形で、一方が生物学的性とは異なる生殖細胞をつくり出すことでカップルの配偶子により挙児したいという要求の喚起である。また、【ケース6】「不妊治療の延長」の延長線上のケースも

考えられうる。これらの可能性はｉＰＳ細胞だけから生み出されることではないが、ｉＰＳ細胞による研究が「いのちの始まり」の倫理問題に無関係ではなく、むしろその歯止めが取れたかのように思われることで格段に研究が進展していき、潜在していた倫理問題を改めて顕在化させるおそれがあることを示している。

文部科学省は二〇一〇年五月、今まで禁止していたヒトＥＳ細胞やｉＰＳ細胞からの生殖細胞作成を解禁した（「ヒトｉＰＳ細胞又はヒト組織幹細胞からの生殖細胞の作成を行う研究に関する指針」）。ただし、それらを用いたヒト胚作成は禁止されている）。実際、京都大学の斎藤通紀教授らは、一一年から一二年にかけて、マウスのｉＰＳ細胞からの始原生殖細胞の作成（さらに精巣・卵巣への移植により生殖能をもった精子と卵子の作成）に成功し、一五年にケンブリッジ大学のグループがヒトＥＳ細胞とｉＰＳ細胞からの始原生殖細胞の作成に成功している。ヒト胚に関わる倫理指針は複雑であるが、重要なものを表2-1に列挙する。

二〇一四年一一月に「再生医療等の安全性の確保等に関する法律」が施行され、今やＥＳ細胞やｉＰＳ細胞などの臨床利用の枠組みが整えられる段階にさしかかっている。この法律は、人の身体の構造または機能の再建、修復または形成、あるいは人の疾病の治療または予防のため、ＥＳ細胞やｉＰＳ細胞などからつくられる特定細胞加工物を用いた再生医療等の迅速かつ安全な提供および普及の促進を図ることを目的としている。具体的には、再生医療などの技術の安全性確保（再生医療提供施設に関するもの）、生命倫理への配慮（再生医療を受ける患者への説明と同意、個人

表2－1　ヒト胚に関わる倫理指針（抜粋）

対象の種類	関連する指針	管　轄
特定胚（動物性集合胚、人クローン胚、ヒト核移植胚）	特定胚の取り扱い方に関する指針（2021. 6 . 30）	文科省
ヒトES細胞	ヒトES細胞の樹立に関する指針（2014. 11. 25）	文科省 厚労省
	ヒトES細胞の分配及び使用に関する指針（2014. 11. 25）	文科省
iPS細胞 ヒト組織ES細胞	ヒトiPS細胞又はヒト組織幹細胞からの生殖細胞の作成を行う研究に関する指針（2015. 3 . 31）	文科省
ヒト受精胚	ヒト受精胚の作成を行う生殖補助医療研究に関する指針（2010. 12. 17）	文科省 厚労省
ヒト受精胚	ヒト受精胚に遺伝情報改変技術等を用いる研究に関する倫理指針（2019. 4 . 1）	文科省 厚労省

情報保護、再生医療の記録及び保存）、再生医療等を提供する場合に講ずべき措置（再生医療に起因する疾病等の報告、健康被害への補償の方法）等を規定する。また、ＥＳ細胞など、特定細胞加工物の製造の許可等について規定する。さらに、再生医療を監督する認定再生医療等委員会や特定細胞加工物の製造の許可についても定めている。

たしかに、ｉＰＳ細胞により拍車がかかった多能性細胞樹立などの細胞加工のめざましい発展は、従来の医療では治せなかった病気を抱える患者に対し、病気の構造理解、薬や治療法の開発においても大きな期待をもたらすものである。しかしそれがさらに再生医療へと発達し、臓器などのオーダーメイドが現実味を帯びてきたとき、病気の治療を越えて、老いや障害を拒絶し、理想的な肉体への改造を追い求めることになっていくかもしれない（エンハンスメント）。それは欲望追求のために、みずからの身体を道具化することを意味するだろう。

二〇一八年には、中国の研究者がゲノム編集技術を使って受精卵段階で遺伝子を改変して双子が生まれたという報道がなされた。（ただし、ヒト受精卵を一四日以上培養したり子宮に戻すことは世界的に認められておらず、中国においても禁止されている。）改変したのはエイズウイルスの感染に関わる遺伝子だという。

むろん、技術はなお完全ではなく、懸念される様々なリスクの大きさが当面の歯止めにはなりうるかもしれない。しかし、最先端医療の進展のなかで、私たちの日常的な願望に私たち自身が真剣に向き合うべき時代に入っているといわざるをえない。これらの願望が最先端医療ではまだ実現できないとなれば、クローン人間づくりに再びターゲットが向けられる可能性も出てこよう。今改めて人間のクローンを原点にしながら人間の尊厳、そして家族と社会のあり方について根源的に考えていくことが、私たちに求められているのではないだろうか。

私的空間は自分だけ、自分たちだけに閉じた関係とし、その思いを生物学的に貫徹すること、そしてその要求をそのままサポートすることが家族と社会のあるべき姿だろうか。病気を完璧に克服し消滅させることが人間のあり方・生き方として理想的なのか。「共生社会」が強く主張されつつある現在、生老病死と、そのなかで人と人がともに生き互いに支え合うことについて、私たちは今一度広く深く考える必要があろう。

第3章

人工妊娠中絶

産まない権利か、生まれる権利か

アメリカ、プロチョイス派（左）とプロライフ派（右）の運動
（左）NARAL Pro-Choice Washington and NARAL Pro-Choice Washington Foundation, “Pro-Choice News”, Spring 2009, p.1;（右）*L'Actualité religieuse dans le monde*, no.92, 15 septembre 1991, p. 20.

中絶（Abortion：以下、刑法的な意味では「堕胎」、それ以外においては「妊娠中絶」あるいは「中絶」という用語を用いる）の問題ほどいのちをめぐる問題として古くて新しいものはない。

中絶の是非は古くから法や道徳上の難問であり、今日においてもなお、多くの法学者や倫理学者を悩ませている。他国に比べ、わが国では中絶問題が深刻な議論の対象となることが少ないが、このことは世界的にみれば、むしろ例外的な現象だといってよい。

中絶の是非をめぐる両極の立場は妥協の余地のないものだ。胎児の生命権や生命の保護を主張し、厳格な条件のもとでしか中絶を認めないとする立場と、女性の自己決定権に基づいて中絶を完全に自由化する立場との対立である。

両者の和解のために「中絶することは善か悪か」という倫理問題と、「中絶は法によって規制すべきか否か」という法律問題とを切り離し、道徳的にみれば中絶は悪だが、法的には規制の対象としてなじまない性質であるために、法的不介入の領域にとどめておくべきだと主張する人々も多い。「法的に空虚な領域」と呼ばれる法理だ。ただ、この場合も、なぜ中絶は法的関心の対象から外されるべきなのかを論証する必要があろう。

以下では、まず、中絶問題の歴史を概観することから始めよう。

1　中絶問題の歴史

一　古代から中世まで

多くの宗教は生命の神聖性という観点から中絶には批判的だが、しかし、古代においては、中絶を処罰する規定が見られない。紀元前二千年頃の「ハムラビ法典」にも中絶を処罰する規定は存在しない。ユダヤ教は「産めよ、殖やせよ」という教えに基づき、こんにちでこそ中絶を厳禁しているが、古代には、やはり中絶を禁じる言及は存在していないようだ。

古代ギリシアでは、胎児は母体の一部とみなされ、プラトンやアリストテレスは、ポリスや家の利益のため、優生学的な中絶をむしろ奨励していた。ローマ帝国時代にも、中絶は犯罪ではなかった。「ディゲスタ」と呼ばれる法律の学説集には、母体内にある胎児は母親の身体の一部とみなされたとの記述がある。

ただし、法律的に中絶が不処罰であったことは、道徳的に問題視されなかったことを意味しない。たとえば「ヒポクラテスの誓い」（第**4**章「医療の法と倫理」参照）には、「婦人に堕胎用器具を与えません」という部分があり、医師の間には中絶は回避すべきだという倫理観が存在したと推察される。

中絶の処罰に関して歴史的に大きな影響を与えたのは、キリスト教、とりわけローマ・カトリック教会の見解である。古代・中世のキリスト教的伝統によれば、「魂の注入」によって生命が始まり、それ以前の中絶は殺人にはあたらないとされていた。一三世紀のトマス・アクィナスも、アリストテレスの質料形相論に基づき、魂の注入が起こるまでは胎児は人間ではないと考えていた。民間の俗信では、魂の注入は、男児においては妊娠四〇日目、女児においては妊娠四〇日以降と解されていたようだ。

　胎児の生命の始まりを受精の瞬間に求め、中絶を全面的に禁止する姿勢が公式に打ち出されたのは、一八六九年の教皇ピオ九世の教書とされる。また、今世紀に入り、第二バチカン公会議（一九六二～六五年）においても、「生命は、妊娠の時点より守られ、手厚く保護されるべきものであり、中絶や嬰児《えいじ》殺は恐るべき罪である」と公言された。さらに、パウロ六世による回勅 "Humane vitae"（一九六八年）や、「意図的妊娠中絶についての宣言」（七四年）においても受精瞬間説が追認された。

　法制史をみると、一九世紀の欧米諸国においては、概して中絶は厳しく禁止されていた。ただし、中絶法によって告発される事例は比較的少なく、それは中絶技術が未熟であり、母体にとって危険な手術だったことによる。イギリスでは、一八六一年の「人身犯罪法」により中絶は罰せられる（三年以上の懲役とする）のみならず、中絶に関わった医師は医師登録から抹消されるという厳しいものだった。アメリカでも、これとほぼ時期を同じくして、各州で中絶を禁止または規制する立法が行われた。しかしながら、これは結果的に多くのヤミ堕胎を生み出し、ことに貧困層において劣悪な中絶技術により多くの妊婦の犠牲を出した。

　欧米における中絶法の最初の転機は二〇世紀初頭にみられる。すなわち、「二重結果の原則」（善い結果を意図して行った行為が付随的に悪い結果を伴った場合、悪い結果は正当化されうるという倫理原則。

第5章「安楽死・尊厳死」参照）に従って、妊娠継続により母体の生命が危機に瀕することが明らかな場合、母体生命を救出するための中絶は正当化可能だと理解されるようになった。こうして、母体生命保護を目的とする治療的中絶が不可罰になると、さらに、この例外条項の拡大解釈が行われた。たとえば、イギリスの「乳児生命保護法」（一九二九年）は母体の生命保護が目的の中絶を不可罰としていたが、R対ボルネ事件（強姦により妊娠した一五歳の少女に中絶手術を施したボルネ医師が無罪となった事件）において、この条項の拡大解釈が行われ、母体の生命保護には精神的健康も含まれ、強姦による妊娠は精神的健康を著しく害するとの理由で、中絶が不可罰とされたのだ。このように二〇世紀は、ヨーロッパが宗教的呪縛から次第に解放され、中絶問題をより現実的に捉えるようになった時代だといえよう。

ただ、第二次世界大戦期には一時的な揺り返しがみられた。各国の中絶法は再び厳格化し、また、ナチス政権下のドイツでは、ドイツ民族の強化という名目で優生学的中絶が合法化された。かの悪名高い「断種法」（「遺伝病子孫防止法」）である。一九四〇年、わが国もナチスの「断種法」にならい、「国民優生法」を制定している（後述）。

二　社会主義国と北欧諸国

キリスト教の影響を強く受けた諸国においても、新たな政治思想の出現により、中絶についての考え方に変更を迫られた国もある。

一九二〇年代は、社会主義思想に基づいて中絶の自由化が進められた。旧ソビエト連邦（ソ連）では、一九二〇年、中絶禁止は困窮する女性をいっそう苦しめるだけで、実効性がないとして、医学的および社会的理由による中絶について、女性に対する一切の処罰を廃止した。これにより、危険なヤミ堕胎が回避され、衛生的な環境で安全な手術を無料で受けることが可能になったとされる。第二次世界大戦の間、堕胎罪が再び厳格に規制されたものの、戦後になると、あらためて中絶は女性に決定権があると主張されるようになり、旧ソ連では中絶が自由化された。

旧ソ連の中絶政策は、東欧の社会主義国にも波及した。東欧諸国では、旧東ドイツが一九四七年に中絶法を改正し、続いてポーランド、ハンガリー、チェコスロヴァキア、ブルガリア、ルーマニア、ユーゴスラヴィアが五五年から六〇年の間に中絶を合法化する法律を制定した。

さらに、スカンジナヴィア諸国も中絶政策においては積極的であり、一九三〇年代に中絶処罰の緩和政策がとられた。スウェーデンでは、まず一八九〇年に医学的理由に基づく中絶を認め、一九三八年には中絶を認める条件を規定することにより、中絶合法化の道を開いた。また、アイスランドが一九三五年に医学的な理由や貧困などの社会的理由に基づく中絶を合法化したのをはじめ、ノルウェー、デンマークにおいても、すでに戦前に中絶法が改正され、合法化された。

三　現代における動き

［1］欧米における中絶合法化

アメリカ、ドイツ、フランスなどの欧米諸国では、二〇世紀後半に至っても依然として伝統的倫理観に基づいた堕胎罪規制が続いた。本格的な中絶合法化の動きが始まったのは、一九六七年のイギリスの「妊娠中絶法」からである。これを機に、六〇年代以来、女性解放運動の気運が高まっていた欧米各国で合法化への動きが加速し、七〇年代には矢継ぎ早に中絶法が改正された。アメリカでは、五九年、アメリカ法律協会が模範刑法典試案を提示し、母体の生命保護、および強姦その他の性犯罪による妊娠の中絶を合法化することを提案した。六〇年代に中絶法を改正した多くの州は、これをモデルとしている。七〇年代に入ると、ハワイ州、ニューヨーク州をはじめとして、多くの州で妊娠中絶法そのものが撤廃され、中絶の自由化が始まる。この傾向を決定づけたのが、七三年の、いわゆる「ロウ対ウェイド判決」（後述）だった。

こうした動向の背景には、「リプロダクティヴ・ライツ」（Reproductive Rights）という考え方の確立がある。また、二〇二〇年の#MeToo 運動を機に、欧米で女性の性被害がいかに深刻かがわかってきた。性犯罪事件も少なくない。同年、アメリカでは、対人口一〇万でレイプ犯罪率は三八・二〇、日本は一・〇五（国連薬物犯罪事務所のデータ）で、実に三六倍強である。性暴力を理由とした中絶手術の希望も多いことが予測される。アメリカで人工妊娠中絶が政治的に問題になる背景には、こういう事情もあるかもしれない。

［2］リプロダクティヴ・ライツという考え方

中絶の問題を考えるうえで近年重要な視点は、女性の「リプロダクティヴ・ヘルス／ライツ（性と生殖に関する健康／権利）」である。いつ、何人の子どもを持つかといった家族計画、性交や避妊、妊娠や出産といった生殖過程において、女性の健康が配慮されるべきであり、女性に選択権が認められるべきだという考え方だ。

そもそも、生殖問題において女性にも選択する権利があることが国際的に承認されたのは、一九六八年後半に開催された第一回国際人権会議においてである。七四年の世界人口開発会議では、世界人口行動計画が採択され、国連や各国政府は人口爆発が経済発展を阻害しているとの観点から「出生率抑制策」を掲げ、途上国の女性に対する避妊教育、不妊手術を推進していった。九二年、リオデジャネイロで開催された国連環境開発会議の「アジェンダ21」においては、「子どもの数と出産の間隔を決定する、親としての権利」が再び提唱され、九四年、カイロ世界人口開発会議の行動計画では、女性のリプロダクティヴ・ライツが一つの人権として宣言された。ここに、リプロダクティヴ・ヘルスケアへの権利と生殖に関する自己決定の権利とが確立したのである。

2　各国の現行中絶法と中絶の実態

一　各国の現行中絶法

各国の現行中絶法は多様だが、おおむね以下の四つのグループに分けて考えることができよう。

［1］中絶を原則として禁止する国

中絶の歴史において概観したように、概してカトリック信仰の影響の強い国では中絶について厳格である。なかでもフィリピンなどでは母体の生命保護の場合を除き、中絶をほぼ全面禁止している。また、スペイン、ポルトガルなどでは母体保護、性犯罪、重度の胎児の障害などに限って（初期段階まで）合法としているが、中絶に対する倫理的非難はかなり厳しい。アイルランドは、元来、厳格に中絶を禁止していたが、国民投票により中絶合法化が賛成多数で可決され、二〇一八年、ドイツなどと同じく、妊娠一二週までの中絶を合法化する法律が制定された。

［2］初期段階に限って中絶を自由化する国——期限規制型

ヨーロッパでは妊娠の初期段階に限り、法文上ないしは事実上、自由化している国が多い。妊娠の期間に着目して制限を行う、いわゆる「期限規制型」である。フランス、イタリア、スカンジナヴィア諸国などがこれに含まれる。妊娠初期とは、一般的には妊娠三か月までをさすが、国によって基準は異なる。

ドイツでは、再統一前に東西でまったく相反する中絶法を持っていた関係から紆余曲折を経たが、一九九五年「妊婦及び家族支援法改正法」により、妊娠一二週まで、十分なカウンセリングと三日間の判断猶予期間を経たうえで行われた中絶が不可罰となった（性犯罪による妊娠の場合には、カウンセリングを必要としない）。また、胎児の障害を理由として中絶を認める適応事由（いわゆる胎児条項）が削除される一方で、妊婦の生命や身体的・精神的健康への重大な侵害を避けるためにやむをえない場合の中絶に関しては、以前もうけられていた二二週までという期間制限が廃止された。これにより、胎児に障害がある場合の中絶も妊婦の身体的・精神的理由に包括されたが、このことは、事実上、胎児の障害を理由とした中絶を無制限に認めることになるため、倫理的に問題があるとされた。そこで、二〇〇九年五月、妊娠一二週以降の中絶の場合（特に、出生前診断で胎児に障害があることがわかった場合）でも、妊婦に対するカウンセリングを医師に義務づける法律が成立し、一〇年より施行された。

［3］妊娠中期まで条件付きで中絶を合法化する国——適応規制型

合法化の期間を妊娠中期まで設定し、中絶の条件（適応事由という）に着目して規制する、いわゆる「適応規制型」の国がある。イギリスの「妊娠中絶法」が代表的だが、わが国の「母体保護法」も、文言上はこのグループに入る。イギリスの中絶法は、母体の生命保護、治療上の理由（妊娠が身体的・精神的障害の原因となる）、社会的理由（家族やすでに生まれている子どもの身体、精神に悪影響がある）、優生学的理由（障害を負う可能性が高い）に基づき、医師による中絶を合法化した。ただし、一九九〇年「ヒトの受精及び胚研究に関する法律」は「治療上の理由や社会的理由」の中絶可能期間を妊娠二四週までに短縮する（旧法では二八週まで）一方で、他の理由については無制限とするなど、限りなく完全自由化に近い改正を行った。

［4］段階ごとに中絶基準を設定する国

アメリカの場合、妊娠期間を初期・中期・後期の三段階（トリメスター）に区分し、各段階で中絶基準を設定している。各州によって中絶規制はまちまちだが、合衆国全体の中絶法の動向を決定づけたのは、一九七三年、テキサス州「中絶法」の違憲性をめぐって争われた「ロウ対ウェイド（Roe v. Wade）事件」連邦最高裁判決だった。

本判決で、連邦最高裁は、妊娠七か月未満（つまり、胎児の母体外生存可能時以前）の中絶を女性のプライバシー権として認めた。判決は、合衆国憲法修正第一四条にいう「人間」に胎児は含まれないとして上告理由を斥けたうえで、個人のプライバシーの権利は中絶の決定権を含むものであり、妊娠七か月未満の中絶を禁止する、あらゆる州法は違憲だとした。また、判決は中絶権の行使されうる期間を三か月未満（妊娠初期）と三か月以降七か月未満（妊娠中期）とに区別し、初期段階においては、「担当医の医学的判断による」として事実上、完全自由化するが、中期段階においては、州が「母体の健康保護」に関心を示すのは正当であり、その限りでの規制は認められるとする。

なお、判決は母体外生存可能後の七か月以降（妊娠後期）については、原則として、胎児の生命権が母親の中絶権に優越するとし、中絶を規制する州の立法を認めているが、実態として、妊娠後期以降の中絶は、〇・〇一％しか行われず、実質上、ほとんどすべての中絶に関して女性の中絶権を支持したものとみなすことができよう。

とはいえ、「ロウ判決」に対する自由化反対論者（Pro-Life派と呼ばれる）の巻き返しは、その後も盛んに行われた。中絶自由化に反対する共和党政権が続いたこともあり、自由化反対論者に有利な法律が立て続けに成立をみている（表3-1参照）。

これらの修正にもかかわらず、連邦最高裁は依然として「ロウ判決」の先例拘束性を否定していない。しかし、二〇二一年、連邦最高裁が、胎児の心拍数確認後（妊娠六週前後）以降の中絶を禁止し、プライバシー権を制限するテキサス州中絶法を賛成多数で容認した。これは、「ロウ判決」からの大きな方向転換であり、さらに裁判が続く。また二二年五月には、受精の段階から中絶を禁止したオクラホマ州法が成立した。母体保護や性暴力の場合は中絶が合法化されている。二二年六月の米国連邦最高裁判決は、一八年に成立した妊娠一五週目以降の人工妊娠中絶を禁止するミシシッピ州法について合憲であると判断した。

このほか、ヨーロッパでは、オランダが中絶完全自由化に踏み切っている。また、すでにみたように、(旧)社会主義国でも、中絶は女性の自己決定権に基づく行為として認められている。ただし、そのなかではカトリック倫理の影響の強いポーランドが例外をなす。ポーランドでは、一九九三年、他のヨーロッパ諸国以上に厳しい中絶法を制定した。その後、九六年に大幅な緩和に向けた法改正がなされたが、九七年に憲法裁判所がそれを無効とした。その結果、再度法律を改正し、同年一二月、社会的・経済的理由を廃止して、母体の生命・健康保護、性犯罪などのケース、胎児に障害がある場合に限り中絶を認めるとした。しかしながら、二〇二〇年一〇月の憲法裁判所判決で、胎児の障害を理由にした中絶を禁止するとされ、これを受けて二一年一月には法律改正された。合法的中絶は、母体保護の場合、強姦、近親者による性犯罪などにより妊娠した

表3−1　アメリカ、ロウ判決後の中絶に関連する判決や法律など

1976年 ハイド修正	医学的理由による中絶以外は医療扶助に連邦資金を補助しないとした。
1989年 ウェブスター判決	「生命は受精に始まる」とし、公務員が公共施設を用いて中絶することを禁じるなどの内容を含むミズーリ州「妊娠中絶規制法」を合憲と判断した。
1992年 キャセイ判決	中絶の規制は「やむをえない場合」にしかなしえないとした「ロウ判決」を修正し、「妊婦に（事実上、中絶を不可能にするような）不当な負担」を課すものでなければ規制してよいとした。
2003年 部分出産中絶禁止法	妊娠中期以降の中絶方法の一つで、胎児を一部娩出させた後、殺害するかたちでなされる中絶を禁止する法律。サンフランシスコ連邦地裁では、2006年4月に、この法律を違憲と判断し、控訴審では、原審が支持されたものの、2007年4月、連邦最高裁で合憲と判断された。
2004年 出生前被害者に対する暴力処罰法	胎児はどの段階でも、「出生前の子ども」として法的保護に値する人間であることを明記したうえ、胎児の殺傷を妊婦の殺傷とは独立に処罰することを定めた法律（ただし、合法的中絶は処罰対象から除外されている）。

場合のみになり、これに反対して大規模なデモがなされた。

二　各国の中絶の実態

ところで、中絶の実態はどうなっているか。図3−1は各国の人工妊娠中絶実施率を示している。

世界的にみて中絶実施率が高いのは(旧)社会主義国だが、その理由は、前述のように、中絶が早くから自由化されたからである。しかし、社会主義国においても、またその他の国においても、九〇年代以降、避妊

図３－１　各国の人工妊娠中絶実施率（対女性［15–44歳］千人比）

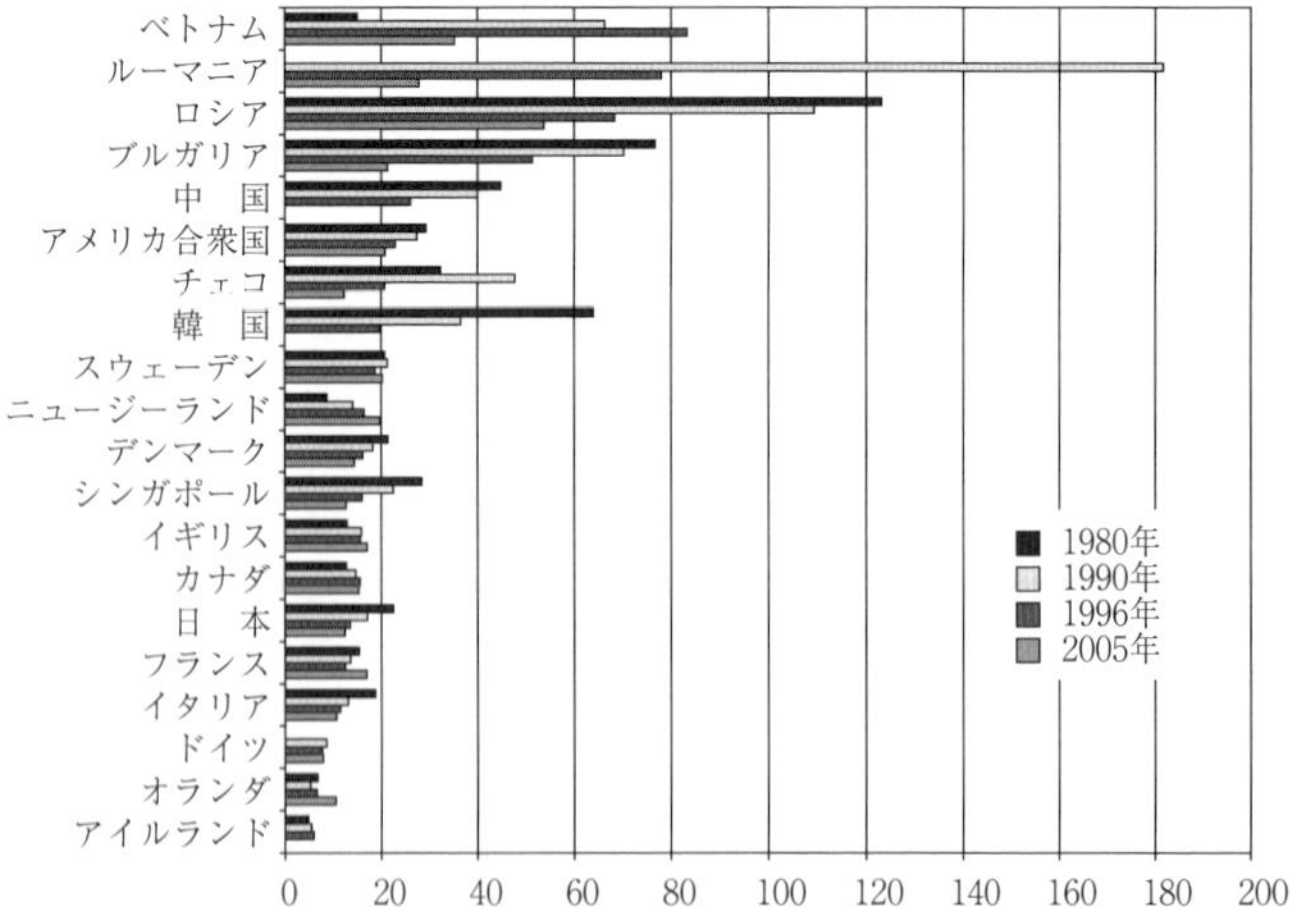

出典：Cf. Stanley K. Henshaw et. al, *Recent Trends in Abortion Rates worldwide*, International Family Planning Perspectives, 1999, 25(1)（一部の国は1996年の代わりに95年のデータ、中国は1990年の代わりに91年のデータ）および、UNDP World Abortion Policies 2007より2005年分のデータを用いて作成（一部の国は、2005年の代わりに04年または03年のデータ。フランスは2002年、ベトナムは2000年のデータ）

法や避妊薬の普及により中絶が激減する傾向にある。

ただし、ベトナムのように、途上国において急激に中絶数が増加する例もある。これは、経済構造の変化に伴い、カップルが小さな家族（少子）を求めるようになった結果、生じた現象と理解できる。その傾向の顕著な例が韓国だ。

また、もう一つの興味深い事実は、中絶に関する法制と実際の中絶率との間にはあまり相関がないことだ。たとえば、ヨーロッパで最もリベラルな中絶法を持つオランダは、イギリスやフランスなどよりも中絶実施率が低い。中絶が広く認められれば中絶数が増えるというわけでもない。

このほか、中絶実施率に影響を与える要因は、女性の属する社会階層（学歴、経済状況等）、宗教信条などが考えられる。概して避妊の普及していない社会では、社会階層と中絶との間に強い相関関係がみられる。たとえばインドでは、教育水準が高いほど中絶率が上昇する傾向がある。逆に、避妊の普及した社会では、上層階級ほど避妊に頼るため、中絶率が一般に下降する。

社会階層と比べて、宗教的要因はあまり中絶率を左右しない。もっとも、名目上の信者と信仰の篤い信者とでは教義の浸透度に違いがある。信仰の篤い信者は中絶の決断にあたって、強い良心の葛藤を経験する。フランスでは良心の葛藤があったと答えた人の比率は、名目上のカトリック信者に比べ、信仰の篤い信者は三倍に上ったという。その結果、信仰の篤い信者の場合、わずかに中絶率が低い数値を示すのである。

わが国では、かつては「中絶天国」といわれるほど中絶件数が多い時期もあったが、近年、公式統計（厚生労働統計衛生行政報告例）を見る限り、その数は大きく減少している。一九五五年には約一一七万件だったが、七五年には約六七万件、九〇年代には約五〇万件、二〇〇〇年以降は徐々に減少し、二〇年度は一四万一四三三件となっている。ただし、統計上の数値にはヤミ堕胎（医師によらないもの、妊娠二二週以降のもの、単に医師が届けないもの、など）は含まれないことに留意しなければならない（もっとも、これはすべての国についていえる）。

昔は三〇～四〇代既婚者の中絶が多かったが、現代では二〇代が多くなっている。これは、女性の婚姻時期の遅れと関連がありそうだ。しかし、こんにちでは、避妊用低用量ピルの販売も認可され、強姦被害の場合でも、七二時間以内に緊急避妊薬を服用することにより、(すべてではないが、かなりの程度は)妊娠予防が可能である。これらも減少傾向の要因であろう。

こうした傾向にもかかわらず、最近しばしば問題とされるのは二〇歳未満の中絶数である。中絶総数の減少とは反対に、一〇代の中絶数は、五五年には一万件程度だったものが、七五年を境に増加に転じ、バブル経済後の二〇〇〇年には四万四四七七件と、実に全体の一三%を占めるに至ったが、〇七年度以降は一〇%以下に落ち着いている。この背景には、妊娠の可能性を考慮しないまま性交する若者の増加、性教育の不備、性の商品化が蔓延する社会の悪影響、未成年者への性的虐待などの存在が指摘されている。この反省から、小中高における児童の性的虐待防止や性についての教育が積極的に取り入れられた。これが一〇代の中絶数減少に寄与しているのかもしれない。

3 日本の中絶の歴史と中絶法

一 中絶の歴史と堕胎罪

キリスト教国とは異なり、わが国では、胎児の生命保護という観点や中絶の反倫理性という観点からの議論はそれほど中心的な役割を果たさなかった。東アジアの伝統の「数え歳」は、子どもは生まれた時点ですでに「一歳」であり、胎児の生命保護は、むしろ当然とされていたとも考えられる。

［1］古代から明治期まで

わが国における中絶についての最初の歴史的記述は、平安時代の『源順集《みなもとのしたごうしゅう》』に収められた歌に「子をおろしける女」とあるものだ。当時すでに中絶が行われていたことがわかるが、中絶の処罰は長い間存在せず、道徳上もさほど非難されるものではなかった。

江戸時代、農村においては、飢饉や過酷な年貢の徴収という経済的理由から、中絶や「間引き」と称される嬰児殺が頻繁に行われた。都市では、風俗退廃により、中絶が蔓延したとされる。中《ちゅう》条《じょう》流（「ナカジョウ」とも訓《よ》む）という堕胎師もいた。こうした頻繁になされる中絶や間引きに対しては、家系の存続という儒教倫理や殺生戒という仏教倫理の立場からの批判がなされ、堕胎師については処罰の禁令が出されたりもした。しかし、妊婦自身が処罰されることはなく、むしろ、実情を考慮して黙認されていたようだ。

中絶が明確に処罰されたのは明治以降である。明治時代、近代的国家制度の一つとして堕胎罪が規定された。堕胎罪を取り入れたもう一つの理由は、殖産興業、富国強兵という国策に資する側面もあったと推察される。人口増加は国力増大にとって不可欠だったからである。

［2］刑法の堕胎罪の内容

刑法の堕胎罪規定の内容をみてみよう。中絶処罰の法益としては、胎児の生命および身体の安全、母体の身体の安全等の保持が想定されている。戦前には、人口増加という国益もいわれていたが、現在このような理解はない。さらに、胎児の父側の利益をあげる説もあったが、これも現在あまり有力ではない。

刑法にいう「堕胎」とは「自然の分娩期に先立って人為的に胎児を母体から分離、排出すること」（団藤重光『刑法綱要各論〔第三版〕』）であり、堕胎罪の成立は「胎児が母体外に排出されたとき」または「母体内で殺害されたとき」実現される。第二一二条「自己堕胎罪」は、妊娠中の女性がみずから堕胎する罪である。第二一三条「同意堕胎罪」は、女性より嘱託を受けて、または承諾を得て堕胎行為を行った者を処罰する。第二一四条「業務上堕胎罪」は、医療業務に従事する者（医師、助産師、薬剤師など）が、女性の嘱託を受けて、または承諾を得て堕胎を行った場合の処罰である。このほか、第二一五条「不同意堕胎罪」、第二一六条「不同意堕胎致死傷罪」が規定されている。

刑法上、堕胎罪処罰の例外は規定されていない。しかし、戦後、時代的な要請により政策変更を迫られた。そこで成立したのが一九四八年の「優生保護法」だ。

二　中絶規制法

［1］「国民優生法」から「優生保護法」へ

「優生保護法」の成立には、一九四〇年の「国民優生法」が大きな影響を及ぼした。国民優生法は、優生学に基づいた断種法だったが、他方で、国策としての人口増加のために、中絶を厳格に禁止する内容の法律でもあった。

ところが、第二次世界大戦の敗北は、日本の中絶政策に大きな転換を迫った。一つの原因は、敗戦を機に流入してきた連合軍兵士による強姦事件の多発である。旧福岡県筑紫郡二日市町（現筑紫野市）には、中国大陸や朝鮮半島から引き揚げてきた女性たちが中絶手術を受けた二日市保養所が設置された（『水子の譜—引揚孤児と犯された女たちの記録』現代史出版会、一九七九年参照）。また、終戦後、連合軍に占領された日本には占領軍兵士のために「特殊慰安施設協会（ＲＡＡ）」がつくられ、赤線・青線の地域分けの米軍兵士相手の売春が横行した。夫を失った寡婦や若い女性たちが生活のために売春を余儀なくされ、多くの混血児も生まれた。このほか、大量の引揚者の帰国により、大正時代以来のベビーブームが到来すると、人口急増による食糧難および住宅難の危機も迫り、人口抑制策が急務とされた。四八年「優生保護法」はこのような状況で成立したのだ。

優生保護法は、「優生上の見地から不良な子孫の出生を防止するとともに、母性の生命健康を保護すること」を目的として、優生手術、人工妊娠中絶などについて定めた。同法における人工妊娠中絶の定義は「胎児が母体外において、生命を保続することのできない時期に、人工的に、胎児及びその付属物を母体外に排出すること」というものだ（現行法も同様）。

ただし、当初は手続きが厳しく、実際には中絶は容易ではなかった。そこで四九年の改正で経済的理由が書き加えられ、さらに五二年の改正では手続き要件が簡素化され、指定医師一人の認定だけで中絶が可能となった（合法的妊娠中絶が可能な時期は、現在、妊娠満二二週未満までである）。

優生保護法は母体保護をその理念の一つとしていたが、堕胎罪の目的の一つとされた「胎児の生命保護」については、ほとんど顧慮されなかった。また、国民優生法以来の優生思想を色濃く有した法律でもある。合法的妊娠中絶が認められる適応事由には、「本人若しくは配偶者が精神病、精神薄弱、精神病質、遺伝性身体疾患又は遺伝性奇形を有しているもの」、「本人又は配偶者の四親等以内の血族関係にある者が遺伝性精神病、遺伝性精神薄弱、遺伝性精神病質、遺伝性疾患又は遺伝性奇形を有しているもの」、「本人又は配偶者が癩《らい》疾患に罹《かか》っているもの」が列挙されていた。さらに、遺伝性精神疾患・身体疾患・奇形を有する者に対しては、「優生手術」と称する不妊手術が認められていた。なかでも第四条・第一二条は、本人の同意を必要としない強制不妊手術を定めており、拒絶する場合は、身体拘束や麻酔の使用、あざむくなどの方法を用いてよいとされていた（五三年、厚生省通達）。これに基づき、四九〜九四年の間に、公表されているだけでも一万六五二〇人（うち七割が女性）が子宮摘出などの強制不妊手術を受けたという。ハンセン病患者に対する不妊手術は本人の同意を必要とするものだったが、実態は拒絶不可能なものだった。不妊手術を受けたハンセン病患者は、公表されているだけでも一五五二人に上るといわれる。

これらの条項は、九六年に優生保護法が母体保護法に改正されるまで続いた。わが国の中絶政策は「保護されるべき胎児」と「保護されてはならない胎児」とを区別する、国益中心の政策といわれても仕方がなく、ここに、フェミニズムは中絶政策が国策に依存する危険性を指摘する。

旧優生保護法による優生手術を強制された人たちへの賠償問題について全国各地で訴訟が提起された。そして、ようやく二〇一九年四月二四日、議員立法で「旧優生保護法に基づく優生手術等を受けた者に対する一時金の支給等に関する法律」が成立し、対象者には一時金が支給されることとなった。

［2］「母体保護法」

一九九六年、優生保護法は母体保護法に改正された。機縁となったのは、先述のカイロ世界人口開発会議ＮＧＯフォーラムにおいて、一人の障害を持つ日本人女性が差別的な優生保護法の現状を訴えたことだった。改正では、名称変更のほか、優生思想につながる条項や表現が削除された。その結果、人工妊娠中絶を認める適応事由は以下の二つとなった。

① 妊娠の継続または分娩が身体的または経済的理由により母体の健康を著しく害するおそれのあるもの。

② 暴行もしくは脅迫によってまたは抵抗もしくは拒絶することができない間に姦淫されて妊娠したもの。

優生保護法下の中絶は九九％以上が、この①の「経済的理由」に基づくものだったが、この状況は改正後も変わりはない。このため、自由化反対論者の主張にも特段の変化はみられない。彼らは、独立した生命権を有する胎児の生命が、事実上、母親の意思に委ねられていることを非難するとともに、「経済的理由」が安易な中絶の抜け道として使われていると批判する。

堕胎罪で起訴される人数は毎年数名にすぎず、しかも、一九七三年以降、第一審で有罪判決を受けた者はいなかったが、二〇一〇年、交際相手への不同意堕胎罪で医師が懲役三年、執行猶予五年の有罪になった例がある。また、国内未承認の中絶薬を使い交際相手を流産させた男が、福岡地裁において、〇二年六月、不同意堕胎罪で執行猶予五年の有罪となった例がある。

このように犯罪類型として堕胎罪はそれほど重要なものでないが、これは、わが国においては旧優生保護法、母体保護法によって実質的に中絶自由化がなされたためといえるかもしれない。そこで、もう一度、原点に立ち返って、中絶問題を考えてみよう。

4　中絶は認められるか

以下では、中絶をめぐる倫理的議論の本筋に戻って、中絶が認められるかどうかを検討しよう。特に、胎児の生命権と女性の自己決定権という二つの論点に着目したい。

一　胎児の生命権

胎児が生命権を持つという主張は、胎児を出生後の「人」と同じか、または人になる可能性を内包した生命存在とみなすことを出発点とする。特に胎児は人と同等の生命権を有すると主張する立場からは、母体の救命など非常に限られた場合を除いて、中絶は原則的に認められない。この主張は妥当だろうか。まず、胎児の法律上の位置づけをみてみよう。

［1］法における胎児の位置づけ

民法では、胎児は基本的に法的人格を有しない。もっとも、損害賠償請求権（第七二一条）、相続権（第八八六条一項）、そして遺贈（第九六五条）については、胎児はすでに生まれたものとみなされる。ただし、これは胎児が成長して実際に出生することを要件とし（第八八六条二項）、何らかの理由で胎児が死亡した場合には、これらの権利は発生しない。

刑法の通説では、胎児は「胎児それ自体」として、妊娠期間や発育程度にかかわらず、保護すべき利益を有すると考えられている。刑法が胎児の母親たる女性に対する自己堕胎罪を処罰するのは、胎児と母親とを別個の生命存在だとみなすからである。とはいえ、殺人罪（第一九九条）が「死刑又は無期若しくは五年以上の懲役」によって、また傷害罪（第二〇四条）が「十五年以下の懲役又は五十万円以下の罰金」によって重く処罰されるのに対し、自己堕胎罪は「一年以下の懲役」、同意堕胎罪は「二年以下の懲役」、業務上堕胎罪は「三月以上五年以下の懲役」と量刑が軽い。このように、刑法は胎児の生命・身体と人の生命・身体との間に法益としての差をもうけ、人の生命・身体をより厳格に保護している。「生命権」という言葉が使われる場合、その主張は、権利が向けられている相手方に、他との比較を許さない強い拘束力を持って立ち現れるような印象を抱かせる。しかし、少なくとも現行法上、胎児の生命権はそのような強い権利として理解されてはいないようだ。

胎児には固有の生命権があるが、それは、すでに出生している人の生命権よりは相対的に弱い権利だ（言い換えれば、他の価値との比較考量の余地がある）という理解は、私たちの日常的な価値感覚とも整合するものだろう。仮にそうだとしても、胎児はいつから生命権を獲得するのかという問題は残る。次に、この点を検討してみよう。

［2］ 胎児はいつから生命権を持つのか

胎児の生命権の発生については、次にみるように様々な見解がある。これは、「胎児の生命保護」という法益をどの時点から法的に義務づけるべきか、という問題でもある。

① 受精卵形成時点か　科学的には、ヒトの生命は卵子と精子の受精に始まる。たとえばドイツでは、国家には胎児の生命を受精時期から保護する義務がある。人間に限らず、生命体の成長は受精から漸次的に進行する。ある存在が、一定段階まではヒトではなく、ある時点でいきなりヒトに転換するわけではない。受精という最初の契機が重要であり、それ以降人間が誕生するまでを質的に段階づけるのは不可能だ、というのである。この立場では、生物学的な意味でのヒトの発生と生命権の発生は一致すべきことになる。一見、説得的と思われるが、そもそも、受精卵は子宮内膜に着床しなければ、その後の成長はありえない。着床しなかった受精卵も人と同等の生命の喪失だと考えるのはあまり説得力はない。

② 着床時点か　そこで、ドイツのように、着床（受胎）時点から生命権が発生するという

図３－２　胎児の成長プロセス（第11週から出生まで）

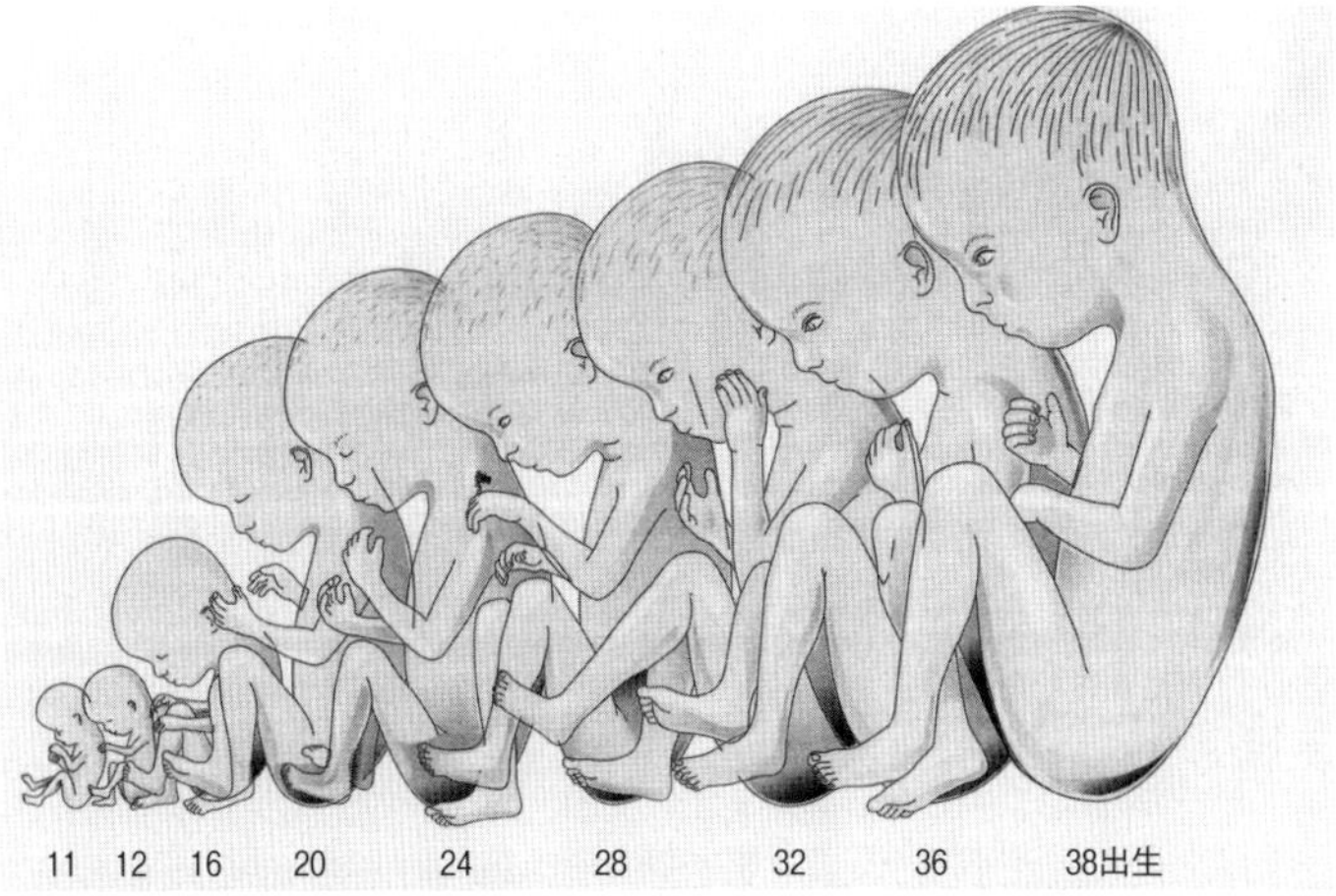

注：図の11～38週目の胎児の大きさは、実物大のおおよそ４分の１程度である。
出典：Persaud Moore（瀬口春道他訳）『ムーア人体発生学〔第７版〕』（医師薬出版、2007年）7頁

見方もある。たしかに着床は出生に至るかどうかを決定的に左右するから、きわめて重要な意味を持つ。しかし、無事着床しても、そのうちの約半数は自然流産するといわれる。着床期以降、胎児が生命権を持つとすれば、可能な限り、この種の自然流産を阻止しなければならないが、着床時点の自然流産は自然の選択が働いている結果だと理解すべきだろう。これを無理に人為的に阻止することは、自然の理に反する。

③　脳神経器官の発達期か　さらに、生命権の発生時期として、妊娠初期にあたる脳神経器官の発達期（妊娠約一二週前後）があげられる。西ヨーロッパ諸国では、この時期に中絶合法化の限界を画する場合が多い。この理解の背景には、

人間の人格としての価値は理性的活動を司る脳組織の形成をもって生命権の発生とすべきだという、理性中心主義的な考え方があるのかもしれない。これはいわゆる「パーソン論」の立場（後述）だが、理性的活動と生命権を直結させることには問題が多い。すでに出生した人であっても、理性的能力を失った時点で（たとえば植物状態）、生命権が脅かされることになるからだ。

しかし、脳組織の形成時点を生命権の発生と捉える理解は、むしろ脳が理性的活動のみならず、あらゆる生命活動を統合している器官であり、一個の独立した人間のアイデンティティを確認するための器官だとの考え方に基づく。この立場は、脳の不可逆的機能停止は身体機能全体の統合の喪失を意味するがゆえに個体の死だと理解する脳死説と対応する（第**6**章「脳死・臓器移植」参照）。脳死説が一定の合理性を持つとすれば、単に人間の各部分を構成する組織の発生ではなく、それらを全体として統御する脳組織の発生を生命権の始まりとみなすことにもまた、一定の合理性があろう。これを、「脳死」（Brain Death）説に対応させて、「脳生」（Brain Life）説と呼ぶことができよう。

④　胎動の開始時点か　　これは、すでに述べたように、ヨーロッパ中世にあった俗信に由来する見方だ。生命発生のメカニズムが科学的に解明される以前は、妊娠は胎動によって初めて妊婦に客観的に知られるものであった。しかし、胎児は母体には知覚されなくても常に動いている。胎動の開始で区切ることには特段の根拠がないのである。

⑤　独立生存可能時期か　　独立生存可能時期とは、胎児が万が一何らかの事故により早期産

によって母体から分離されても、医療的救済措置の助けによって、かろうじて生命を独立して維持できる時期である。このため、独立生存可能時期を過ぎれば、妊婦が中絶を望むか否かにかかわらず、第三者（多くの場合、医師）は胎児の救済義務を持つと考えられている。これは法的な生命保護義務であり、このような措置をしない場合には、その不作為が犯罪を構成する可能性さえある、強い義務だ。このように考えれば、独立生存可能時期以降、胎児はかなり強い意味での生命権を獲得するものといえよう。

⑥　出生時点か　そのほか、人の始まりは出生の時点であるとして、胎児には生命権を認めないという考え方もある。しかし、これは日常的な価値感覚と合致しない。中国の一部を除いて、あらゆる国で何らかの中絶規制が行われていることを考えれば、胎児に生命としての保護価値を認めるのが普遍的な倫理観だといえよう。

以上のように、胎児がいつから生命権を持つのかについて、十分に確立した原則があるわけではない。ただ、各国の現行法を踏まえるならば、西ヨーロッパにみられる③脳神経器官の発達期からとする見方と、英米にみられる⑤独立生存可能時期からとする見方が有力だといえそうだ。また、生命権の発生をどのように理解するにせよ、⑤独立生存可能時期以降の胎児の生命を手厚く保護するという傾向が一般に認められる。すでにみたように、アメリカの「ロウ判決」においても、独立生存可能時期にあたる第三トリメスター以降は、胎児生命を保護するため、女性のプライバシー権としての中絶の決定権が撤回されてもよいとしている。適応規制モデルを採用している国々でも、妊婦の生命保護や胎児の重篤な疾患などの特殊な事情以外は、これ以降の中絶を原則的に禁止している。わが国の母体保護法の場合も、これ以降の中絶を合法化の範囲から除外している。少なくとも、独立生存可能時期以降の胎児は人と同等の強い生命権を持つという点については、普遍的に承認されているといってよいようである。

［3］パーソン論の主張

ところで、胎児の生命権はいつ開始するかという問題は、受精卵や胚に生命権を認めることの不合理さから反射的に生じてくる問題にすぎない。しかし、功利主義倫理学の中には、これを道徳的な配慮や社会的な利益配分の対象とはなりえない「生物学的生命」とその対象となりうる「人格的生命」との境界設定の問題として捉え、人格的な生命と呼ばれうる認定資格を問う議論がある。これを「パーソン論（あるいは、人格論）」という。

パーソン論は人格としての認定資格を理性や自己意識などの精神活動に求めるが、理性や意識を持たない（と、私たちにみえる）植物状態や知的障害の人には人格がないのか。そもそも、人格と呼ばれうる資格要件を問うこと自体が問題ではないか。なぜなら、私たちがその人を「人格として大切にする」という場合、それは、その人が「いかなる能力を有するか否かにかかわらず大切にする」ことだからである。人間の人格価値は、むしろ各人の所有能力を超えたところにこそあるというべきだろう。

[4] 関係論的な人格概念

序章でみた、人格の様々な特徴（目的性、唯一性、代替不可能性など）は、人が何らかの能力や素質を持つために認められるのではなく、ただ人として存在しているからこそ、つまり、そこ・ここに置かれた机や花瓶とは異なる存在として認識されるからこそ認められるものだ。私たちは人間に対して、他の存在物とは異なった、特有な関心の持ち方をする。それは、私たちが文化的に形成し、暗黙に共有する存在了解の仕方であって、その意味で、人格は関係論的な概念だといえよう。この存在了解の仕方は、おそらく、妊娠を知った瞬間から始まる。妊娠を知ったその瞬間から、妊婦にとって胎児は単なる細胞塊ではなく、人格なのである。そして、胎児に対する特有な関心の持ち方は、胎児の成長とともに広く、かつ、深いものになっていく。ここには、人格以前と人格以降という線引きは、およそ存在していないのである。

しかしこのことは、逆からいえば、胎児の生命価値が他の事情と衡量されうる余地は妊娠の初期段階であればあるほど大きいことを意味する。受精に始まる成長プロセスは連続的なものであり、胎児に「人としての生命権」が発生する時期を異論なく線引きすることは難しい。ある程度説得力を持つ境界線は、脳神経器官の発達期と独立生存可能時期だろうが、それでもなお、中絶が不可避であるような状況は存在しうるだろう。

二　女性の自己決定権

［1］女性の自己決定権の意味

歴史的には、宗教的ないし倫理的問題であった妊娠中絶問題を、女性の権利の問題として捉える視点を提供したのは、フェミニズムである。フェミニズムは、女性が伝統的な性役割に拘束されている現状から脱するためには、女性を家事、育児、介護などの家内労働へと縛りつけ、社会的活動への参加を妨げる妊娠・出産という生殖の問題を女性自身が選択できるようにすることが不可欠の課題だと主張する。とはいえ、胎児の生命価値をまったくなきものと考えるわけではない。基本的には、胎児が母親から独立した固有の価値を持つことを尊重しつつも、歴史的に男性中心に規定されてきた生殖の問題について、女性自身にこそ決定権があるべきだとした。

女性に決定権があるとは、服やバッグの処分について決定権を持つこととは明らかに異質だろう。胎児は他の存在物とは次元を異にする特有な関心を要求する存在であり、それゆえに、中絶の経験は、多くの場合、女性に深い喪失感と罪悪感をもたらす。中絶に関する女性の自己決定は、みずからのあり方そのものに関わる実存的な決断だし、またそうあるべきものだろう。

［2］「女性と胎児の権利衝突」という視点を超えて

中絶問題は、しばしば胎児の生命権と女性の自己決定権との衝突事例とみなされる。しかし、かかる捉え方は女性と胎児との関係を正しく理解しているとはいえない。妊娠・出産は、女性の体に大きな影響を及ぼす。産むか・産まないかの決断は、決して軽い気持ちで下せるものではない。また、母親は子どもの養育も考慮しなければならない。中絶の理由として、（胎児の父親である）男性との関係、男性が子どもを望まないなど、男性の協力が得られない場合も少なくない。このように、母親が子どもの出生後の状況を考える限りは、母親と子どもの利益は必ずしも対立しているとはいえない。通常の権利衝突の関係はあれかこれかの二者択一だが、女性と胎児の関係はそのようなものとは事情が違う。

女性と胎児は「二者なる一者」であり、それぞれ別個の独立した生命でありながら、相互に影響し合い、強く結びつく。胎児は生命活動を母親に依存しているし、母親も胎児との身体的、精神的つながりは強いといってよい。両者の関係は相関的なものである。

このような不即不離の関係の中で行われる中絶を胎児の生命権と女性の自己決定権との衝突事例と捉えることは、中絶経験の現実から遊離した、他人事のような空論でしかない。中絶があらゆる事情を考慮したうえでなされる、女性の真摯な実存的決断である限りは、法は可能な限り介入を控えるべきだろう。

本来、胎児の生命保護という目的は、妊婦を刑罰で威嚇することによってではなく、胎児を取り巻く人々が胎児の生命の尊さ、かけがえのなさ、いとおしさを深く自覚することによってこそ達せられるものだ。また、女性の自己決定権の主張も、それが不当な社会的束縛から女性を解放することをめざすものならば、女性が望まない妊娠や中絶問題そのものを経験しないですむことこそが重要ではないだろうか。

三　残された問題点

人工生殖をはじめとした技術の発達や価値観の多元化など、現代は中絶問題をいっそう複雑にする要素に満ちている。最後に、現代が生み出した新たな問題点について簡単に触れておこう。

［1］選択的妊娠中絶と出生前診断

現代医療技術は、出生前に胎児についての様々な情報を入手可能とした。妊婦へのルーティン検査（超音波エコー検査）では胎児の形態異常を診断でき、羊水検査では胎児の染色体異常診断が可能となっている。二〇一三年四月からは、比較的高額な新型出生前検査（ＮＩＰＴ）が一部で始まり、母親の採血で胎児の染色体異常スクリーニング検査が行われ始めた。日産婦学会では、遺伝子相談や障害を持つ子どもの状況への理解を前提に、ＮＩＰＴの実施における指針（三五歳以上の妊婦に限定、遺伝カウンセリング等を受けることなどの要件を満たして実施すべき等）を出していたが、高齢出産の増加による胎児の障害への不安から、会告に縛られない美容外科クリニック等においてＮＩＰＴが実施されていることが判明した。これを受けて厚生労働省に「ＮＩＰＴ等の出生前検査に関する専門委員会」が設置され、二〇二一年五月の報告書では「年齢制限なく、不安を抱える全ての妊婦がＮＩＰＴを受けられる」とされた。

胎児の性別は染色体検査で判定できるが、望まない性別を理由とした中絶は、それ自体、性の平等に反しており、不自然な男女比をもたらすおそれがある。現在、出生前診断による男女産み分けは基本的に認められない。一定期限内の中絶を合法とする場合でも、性別を理由とするものは、たとえそれが期限内であっても、公共の秩序に反する行為となろう。

障害児の出産を避ける場合はどうか。「母体保護法」では、妊娠の全段階を通じて、選択的中絶が明確には合法化されていない。出生前診断で障害がわかった場合、障害児が生まれれば母親の身体的・経済的負担が大きくなるという解釈で、「身体的及び経済的理由」により中絶がなされているのが実態である。三九歳で妊娠した女性がダウン症候群児を出産したケースでは、医師が比較的高齢の妊娠の場合に羊水検査の説明をしなかったことが医師の説明義務に反するとして、担当医師とその所属する病院に対して損害賠償請求がなされた。裁判所は、現行法では、胎児がダウン症候群であることを理由として中絶を受けることを合法化する明確な規定はなく、高齢を理由に何歳から医師が羊水検査の説明を行うかは医師の裁量によるとして、訴えを認めなかった（京都地裁、一九九七年一月二四日判決）。

一方、外国では、イギリスのように、胎児が一定の重篤な障害を持つ場合（あるいは、その可能性が高い場合で、重篤な障害にはダウン症候群も含まれる）、無期限に中絶を認める適応事由を有する国がある。これを「胎児条項」という。わが国でも、以前、胎児条項を設置するべきだという改正案も出されたが、「障害者差別だ」という反対も根強く、実現していない。

問題は、医師が障害児が出生した場合に自分が責任追及されないよう、出生前検査や選択的中絶を勧めることである。出生前検査を受けるかどうか、障害がわかった結果、中絶をするかどうかは、それによって複雑な状況に立たされる親の側の道徳的判断に委ねられるべきだろう。また、代理懐胎契約では、代理懐胎者の意思に関わりなく、出生前検査の実施や選択的中絶が決められる場合も少なくない。しかし、これらは、仮に法的問題が克服できたとしても、倫理的問題は依然として残るだろう。

［2］「こうのとりのゆりかご」（赤ちゃんポスト）と内密出産

熊本県の民間病院が、二〇〇七年五月、養育できない人の代わりに子どもを一時保護するシステムを設置した。予想を超えて多くの利用（二〇〇九年五月の報告で五二件）があったが、二〇〇八年以降は毎年一〇件前後の受け入れ状況である（熊本市「こうのとりのゆりかご」預け入れ状況について）。当初、この活動により、無責任な出産を増やすことも危惧された。しかし、病院側は妊娠の継続で葛藤する女性の相談も受けている。妊娠・出産に関する相談は事業開始より毎年増加傾向にあり、二〇一四年にテレビドラマが取り上げて以降は年間四千～五千件に増えている。病院側は、女性が望まない場合でもなるべく産むように促す働きかけをすると聞く。たしかに子どもの生命保護は大切だが、また、産むか否かの決定は初めから「産むべきだ」という前提でなされるべきではなく、胎児の生命の尊さ、自分の状況、家族の協力など様々な事柄を考慮したうえで、女性自身が下すべきであろう。そのためには、妊娠継続か中絶かを悩む女性が、女性にも子どもにも中立的な相談機関において相談をできるようにする必要があろう。

同病院では、性暴力や経済的事情などで周囲に妊娠を知られたくない女性が匿名で出産し、出生した子どもの戸籍に母親の氏名を記載しない、「内密出産」（ドイツで実施）の必要性を説く。

身元を知りながら女性の氏名を記入せずに出生届を出す場合、公正証書原本不実記載罪等に問われる可能性が危惧されたが、行政側も協力姿勢を示している。

［3］中絶の予防政策

中絶についていかなる立場をとるにせよ、中絶せざるをえない社会状況を改善することこそが最も重要な課題であろう。仮に女性の自己決定権に委ねるにせよ、国家や社会が中絶に関して何らの責任も負わないわけではない。極度に窮乏した家計、子どもの養育環境に無関心な社会、共働きを不可能にする職場などは、明らかに女性の自由な選択の余地を奪うことになろう。国家や社会は、女性が中絶について自由で真摯な選択ができるよう支援すべき義務がある。また、中絶を道徳的悪と考え、非合法化するのであればなおのこと、このような社会状況をなおざりにしたまま、中絶した女性のみを非難することはあまりにも公正さを欠く。中絶の予防政策の余地は広範である。中絶や避妊に関する知識の普及に始まり、貧困家庭の経済的支援、社会慣習の是正、障害者福祉の充実、里親制度などの制度的保障、さらには子どもを持つ女性が働きやすい環境の整備、整備なども広い意味で中絶の予防策に考えられるはずである。

女性のリプロダクティヴ・ヘルス／ライツは胎児の生命保護のためにも重要なものだ。性や生殖の問題は、避妊が成功して胎児生命が保護されればよいという問題に尽きない。たとえ避妊法が確立していても、不用意な性交渉は（とりわけ若年者にとっては）相手との依存関係を生じさせ、むしろ自由を奪われたり、性感染症の脅威にさらされたりという危険を生む。これらは若年者の健全な成長を阻害し、望ましいものではないはずだ。性と生殖に関する正しい情報や知識をもとに、自分にとって望ましい性と生殖のあり方を決定するためにも、十分なリプロダクティヴ・ヘルスケアが必要なのだ。

さらに、この重要性は若年者に限定されない。現在のわが国の妊娠中絶が一部で既婚者の産児調節手段として機能していることを思えば、避妊を含めた性や生殖に関する情報を広げることは、望まない妊娠を減らし、結果として、胎児の生命を保護することになるだろう。

コラム

生命擁護派の殺人

二〇〇九年五月三一日、米カンザス州の教会で、妊娠後期の中絶手術を行っていた産婦人科ティラー医師が中絶反対派に狙撃され死亡した。一九九三年以降、八人目の犠牲者だという。数少ない妊娠中期以降の中絶手術を行っていた医師だ。アメリカでは、ロウ判決以来、このような中絶容認派に対する狙撃事件が二〇一〇年代に至る今も多発している。ロウ判決の執筆者の一人ブラックマン判事もニューヨーク州バファローで狙われ、危うく難を逃れた。中絶反対派にとって、中絶医は日常的に殺人を繰り返す殺人鬼であり、胎児の生命を守るためには、殺害されてもしかるべき、ということなのか。生命擁護派（Pro-Life）と称する中絶反対派が殺人をも辞さない。ここに、アメリカの「いのち」の考え方への大きな矛盾を感じざるをえない。

アメリカでは中絶問題は単なる個人的な信条の問題ではなく、国を二分する宗教的問題であり、政治的論争である。当時のオバマ大統領は、就任直後の〇九年一月、中絶を支援する国際団体に対する連邦予算の拠出制限を撤廃するよう命じた。この医師銃撃事件はこのような生命保護規制の緩和策への反発や警告とも受け取れるものだった。平和を唱えながら、戦争と殺戮を繰り広げていくアメリカの外交政策と奇妙に重なる。

第 4 章

医療の法と倫理

患者を支える医療と看護

救世軍清瀬病院ホスピス病棟にて

近代以降、医療はめざましい進歩を遂げてきた。医療の進歩により、私たちが享けた恩恵は計り知れない。抗生物質やワクチン等の開発は、伝染病や感染症などの危険性を驚くほど低くした。また、診断法や治療技術が進歩し、かつて不治とされた病気の治療に道を開いた。こんにちでは、一人ひとりにあった治療法を組み立てていくテーラーメイド医療の時代を迎えつつある。

医療がたゆみなく進歩する一方で、医師患者関係は必ずしも肯定的には捉えられない状況があるのも事実だ。患者が医師に不信感を抱く、治療方針に不満を持つなど、結果として治療に納得できない場合も少なくない。医師と患者との関係に変化が生じてきたためだ。かつては、医師が専門的な知識や技術、経験に基づいて治療方針を決定し、患者はそれに従うのが通例だった。それが、病気の回復に最も重要なこととされ、患者もそれに疑問を抱かなかった。他方、現在では、病気に関する様々な情報を自分で集めること、多様な治療の選択肢を知ることも可能となった。ときに、ほかの医師の意見を聞くことも可能である。患者のライフスタイルが多様化し、それに応じた治療の選択が求められているのだ。

いま、医療のあり方そのものが問い直されている。そこで本章では、医療に関わる法や倫理の問題を扱う。まずは、「患者の権利」という問題から医療のあり方を考えてみる。

1　患者の権利とは

一　患者の権利の歴史

［1］医の倫理

「医の倫理」とは、医療を行う側としての医師の守るべき倫理原則であり、「患者の権利」とは、医療を受ける側にある患者の主張できる利益のことだ。両者は視点が異なるものの、表裏の関係にある。そこで、「患者の権利とは何か」を考える前に、医の倫理からみてみよう。

医師は医術という専門的知識と技術を有する者として、社会的に一定の特権的地位を占めてきた。古代ギリシアの「ヒポクラテスの誓い」（The Hippocratic Oath. 紀元前四六〇年くらいのものといわれる）は、「医学の父」ヒポクラテスの教えとして、古代ギリシアの神々に対し、医師集団の守るべき倫理・責務などを誓ったものである。この誓いは二四〇〇年以上も前のものだが、医の倫理の根幹をなすものとして現在まで受け継がれている。

そこには、すべての医療行為は患者の利益のためになされるべきこと、職業上知りえた秘密を漏らさないことなど、こんにちなお、重要な倫理が含まれている。

第18回日本医学会総会のシンボルマークとされたヒポクラテス

［2］医学研究の客体としての被験者保護

このような医の倫理のもとに、医療は、たしかに患者を治すことに全力をあげてきた。しかし、その進展には、医学の客体としての患者の存在が不可欠だったことも事実だ。

患者の権利の中の重要な考え方であるインフォームド・コンセント（以下、ＩＣ）が提唱されるきっかけとなったのは、一九四七年の「ニュルンベルク綱領」だが、この綱領の背景には、被験者を客体とした人体実験の歴史がある。

第二次世界大戦中、ナチス・ドイツでは、ユダヤ人などを対象とする非人道的な人体実験が行われた。最大の衝撃は、人の病を治し、いのちを助けるべき医師たち自身がそのような人体実験に荷担していた事実だ。戦後のニュルンベルク裁判（一九四五～四六年）において、戦時中に行われた人体実験の全容が明らかにされ医学実験のあり方そのものが問い直されることとなった（逆説的だが、かかる人体実験の成果は、現代医学の発展に大きく貢献した）。その結果、医学研究における被験者の自発的同意の必要と、その実験に関わる十分な情報開示が明確に宣言された。これが「ニュルンベルク綱領」だ。

この倫理原則を機に、一九四八年、第二回世界医師会総会は「医の倫理に関するジュネーヴ宣言」（表4-1）を採択し、人命の尊重と、医学的知識の非人道的利用の禁止とを宣言した。さらに六四年、第一八回世界医師会総会は「ヒトを対象とする医学研究に関わる倫理原則」（いわゆる「ヘルシンキ宣言」）を採択して、医学的進歩には人体実験が不可欠の前提であることを確認し、医学実験における被験者利益の優先、被験者生命の尊厳が確保されるべきだと確認した。

［3］医療の客体から主体へ――患者の権利の確立

一方、患者の権利の確立は、六〇年代から七〇年代のアメリカ公民権運動と連動して起こった。

表４－１　世界医師会「医の倫理に関するジュネーヴ宣言」

（1948年採択、2017年改訂）

医師の一人として、
- 私は、人類への奉仕に自分の人生を捧げることを厳粛に誓う。
- 私の患者の健康と安寧を私の第一の関心事とする。
- 私は、私の患者のオートノミーと尊厳を尊重する。
- 私は、人命を最大限に尊重し続ける。
- 私は、私の医師としての職責と患者との間に、年齢、疾病もしくは障害、信条、民族的起源、ジェンダー、国籍、所属政治団体、人種、性的志向、社会的地位あるいはその他いかなる要因でも、そのようなことに対する配慮が介在することを容認しない。
- 私は、私への信頼のゆえに知り得た患者の秘密を、たとえその死後においても尊重する。
- 私は、良心と尊厳をもって、そして good medical practice に従って、私の専門職を実践する。
- 私は、医師の名誉と高貴なる伝統を育む。
- 私は、私の教師、同僚、および学生に、当然受けるべきである尊敬と感謝の念を捧げる。
- 私は、患者の利益と医療の進歩のため私の医学的知識を共有する。
- 私は、最高水準の医療を提供するために、私自身の健康、安寧および能力に専心する。
- 私は、たとえ脅迫の下であっても、人権や国民の自由を犯すために、自分の医学的知識を利用することはしない。
- 私は、自由と名誉にかけてこれらのことを厳粛に誓う。

（日本医師会の翻訳による）

それ以前にも、法実務上は、一九一四年のカドーゾ判事判決（正常な判断能力を持った成人に対して承諾なく手術を行った医師に、不法行為による損害賠償責任を認めた）を機に、アメリカ国内でＩＣの法理が詳細に検討され、確立されつつあった。それが公民権運動と相まって、医療サービス利用者としての患者の権利へと広がったのである。七二年には、悪名高き「タスキギー事件」が内部通報された。これは、黒人の梅毒患者に治療をせず、病気の進行を観察した同意なき人体実験であった。このことから医療における患者の権利を保障する必要性が高まった。七三年、全米病院協会は率先して「患者の権利章典に関する宣言」（Patients' Bill of

Rights）を採択し、国内七千の病院に配布した。

このようなアメリカの動きは国際社会にも波及し、医療サービス利用者としての患者の権利の確立を求める世論の向上に貢献した。七五年、第二九回世界医師会総会は、さきのヘルシンキ宣言に修正を加え、ICの詳細な指針を明らかにした。また、七九年、欧州評議会でも「患者憲章」が採択された。

さらに、八一年、第三五回世界医師会総会において、「患者の権利に関するリスボン宣言」（表4－2）が採択された。この宣言では、患者が自由に医師を選ぶ権利を有すること、患者自身が自分に関わる重要な決定を行う権利を持つことなどが明示された。

九〇年代以降の重要な動きをあげるならば、アメリカの「患者の自己決定権法」（九〇年）、WHOの「患者の権利促進に関するヨーロッパ宣言」（九四年）、欧州評議会の「生物学及び医療の適用における人権及び人間の尊厳を擁護する条約」（九六年）などがある。二〇一七年にはジュネーヴ宣言が大きく改訂され、患者の健康とともに「安寧」（well-being）を第一の関心事とすること、「患者の自律・自己決定（autonomy）と尊厳を尊重する」が加えられた（表4－1）。

また、医療が従来の病気の治療領域から、臓器移植、遺伝子操作、人工生殖技術、クローン技術など、より広い領域へと拡大してきたことを受けて、WHOの「ヒトゲノムと人権に関する世界宣言」（九七年）、ユネスコの「生命倫理と人権に関する世界宣言」（二〇〇五年）などが採択された。後者では、患者の事前同意に基づく医療や、倫理委員会の設置、医療情報開示などが世界

表4－2　世界医師会「患者の権利に関するリスボン宣言」

（1981年採択、15年最新改定、抜粋）

1．良質の医療を受ける権利
　a．すべての人は、差別なしに適切な医療を受ける権利を有する。
2．選択の自由の権利
　a．患者は、民間、公的部門を問わず、担当の医師、病院、あるいは保健サービス機関を自由に選択し、また変更する権利を有する。
　b．患者はいかなる治療段階においても、他の医師の意見を求める権利を有する。
3．自己決定の権利
　a．患者は、自分自身に関わる自由な決定を行うための自己決定の権利を有する。医師は、患者に対してその決定のもたらす結果を知らせるものとする。
5．法的無能力の患者
　a．患者が未成年者あるいは法的無能力者の場合、法域によっては、法律上の権限を有する代理人の同意が必要とされる。それでもなお、患者の能力が許す限り、患者は意思決定に関与しなければならない。
7．情報に対する権利
　a．患者は、いかなる医療上の記録であろうと、そこに記載されている自己の情報を受ける権利を有し、また症状についての医学的事実を含む健康状態に関して十分な説明を受ける権利を有する。
8．守秘義務に対する権利
　a．患者の健康状態、症状、診断、予後および治療について個人を特定しうるあらゆる情報、ならびにその他個人のすべての情報は、患者の死後も秘密が守られなければならない。（省略）
11．宗教的支援に対する権利

（日本医師会の翻訳による）

で初めて提唱された。

患者の個人情報保護やカルテ開示要求に関連しては、ＯＥＣＤ（経済開発協力機構）において採択された「プライバシー保護と個人データの国際流通に関するガイドライン」がある。

［4］日本国内の動向

わが国の場合も、戦時中には、七三一部隊による非道な人体実験や旧九州帝国大学医学部における戦争捕虜に対する人体実験など、被験者の権利を踏みにじる事例があったとされる。戦後は世界的な医の倫理宣言を受けて、一九五一年、日本医師会が「医師の倫理」を採択したが、患者の権利擁護にはほど遠いものだった。患者の同意を欠く治療行為が不法行為となりうるという下級審判例が蓄積され、最高裁がこの考え方を支持するようになったのは七〇年代以降である。八七年、医療過誤訴訟に取り組む弁護士グループが民間レベルでの「患者の権利宣言」を提唱した。医師側も、時代の趨勢として、このような意識変革を無視できず、九〇年、日本医師会生命倫理懇談会が「説明と同意についての報告」を公表した（もっとも、この報告書はＩＣの解釈を「日本にふさわしいやりかた」での「説明と同意」と表現するなど、患者の権利としてＩＣを認めようとするものではないとの批判を受けた）。

九二年には医療法が改正され、「患者本位の医療」を基本理念とすることが明示された。二〇〇〇年、日本医師会は「医の倫理綱領」を採択、これに基づいて、〇四年「医師の職業倫理指針」を作成している。ここでは、患者の自律性の尊重（Autonomy）、善行（Beneficence）、公正（Fairness）

が基本原則とされている。また、一二年には患者の権利と義務を明記した「医療基本法」草案を提言するに至っている。

　とはいえ、日本医師会は「患者の権利法」制定に対しては強く抵抗しているとされ、実際の医療現場において、患者の権利や自己決定権という考え方が徹底されているとはいいがたい。一四年の医療法改正により法制化された医療事故調査制度に関しても、患者や遺族側の位置づけが不十分であるとの指摘がある。患者の権利を実現する課題は少なくないようだ。

二　患者の権利の内容

　患者の権利の核心には患者の自己決定権、すなわち、患者は医療に関して、みずからの価値観、人生観に従って、最終的に決定する権限を持つという考え方がある。これを保障するうえで重要なものが「インフォームド・コンセント（ＩＣ）」である。

　ＩＣにおいては、まず、患者が自分の病気や治療について十分な説明を受けたのち、それをよく理解したうえで、受けるべき治療に同意する、あるいはみずから治療法を選択することが重要だ（「インフォームド・チョイス」ともいわれる）。その場合、患者への説明としては、①診断結果に基づいた患者の現在の病状を正しく伝えること、②治療に必要な検査の目的と内容、③治療の危険性、④治療が成功する確率、⑤その治療処置以外の可能性、⑥あらゆる治療法を拒否した場合にどうなるかの予見について、などがある。内容によっては、患者があえて知らないでいたいということもあるかもしれない。大切なのは、患者に知る機会が与えられるということだ。そのうえで、患者は「知る・知らない」を自分自身で判断し、治療について自発的に承諾ないし同意をする。その結果初めて、医師は患者の治療をなしうるのである。

ＩＣを中心として、患者の権利の具体的内容には「医療へ参加する権利」、「病気について知る権利と学習権」（これには「知らされない権利」も含まれる）、「適切な保健医療サービスを利用する権利」、医療における「自己決定権」、「自分の情報をコントロールする権利」などが含まれる。このような権利を実現することによって、患者はよりよい、自分にとって望ましい医療サービスを享受できると考えられている。

三　医療行為と法

患者の権利の確立は、わが国の法制度にどのように反映しているのだろうか。

［1］医療行為と刑法

採血、注射、手術など医療行為そのものは、本来は傷害罪（刑法第二〇四条）に該当する。通常の医療行為に対して刑法規定が適用されないのは、それが刑法上の正当業務行為（第三五条後段）だからである。社会生活上、正当だと考えられる仕事の中で行われた、正当性のある行為については違法性を問わないとする刑法上の法理だ。

他方、医療行為として行われたものはすべて正当な行為として認められるかといえば、そうではない。正当な医療行為とされるには、①その行為の主体が医師法上の資格を持つ医師であること、②行為を行う緊急性や必要性があること、③安全性の確立された、医学上一般に認められた方法で行われること、④行為に対する患者本人の承諾や同意が存在することが必要とされる。

いくら医療行為だといっても、患者に十分な説明や承諾がないままに行われた場合には、原則として、違法行為となる。これを「専断的治療行為」という。専断的治療行為が容認されうるのは、たとえば、交通事故により、家族の付き添いがないまま救急車で運ばれるといった、緊急性の高い治療が必要な場合のみである。もう一つ容認されうる可能性のあるケースとして、ガン告知などの際の医師の裁量権があるが、これについては「ガン告知」の項で検討しよう。

［2］医療行為と民法

医師と患者との関係は、病気の治癒を目的として、そのために必要かつ最善の治療を行うことを約束する、民法上の契約関係である。この契約に基づいて、患者から医師へと医療行為が委任され、受任者である医師は、民法に基づいて（第六四四～六五六条）、患者に対する様々な義務を負う。注意義務（第六四四条）、説明義務、報告義務（第六四五条）などだ。特に、説明・報告義務はICの民法上の根拠だといえる。これらの義務に対する違反や治療行為上の過失で患者に何らかの損害が生じた場合、医師は民法上の債務不履行による損害賠償責任（第四一五条）や不法行為責任（第七〇九条）を負うことになる。さらに、過失の程度がひどければ、刑法上の業務上過失致死傷罪（刑法第二一一条一項）が適用される場合もある。

［3］医師の説明責任をめぐる判決

医師がどこまで説明責任を負うのかには争いがある。とはいえ、全般的には、ＩＣの論理に基づいて、医師の説明責任が広く求められているようだ。たとえば、右乳腺ガンの手術中に左乳房の乳腺症が見つかり、ガン化をおそれて本人の同意なしに左乳腺全部摘出手術を行ったことに対する判決（東京地裁、一九七一年五月一九日）では、医師の説明義務違反と不法行為に基づく損害賠償が認められている。

また、いわゆる「舌ガン手術事件判決」（秋田地裁大曲支部、一九七三年三月二七日）では、精神疾患を持つ男性に対する説明義務が争われた。舌ガンと診断された患者に対し、病名が告知されず、また本人が手術を承諾しなかったため、「舌の潰瘍の部分を焼き取るだけだ」と説明し、承諾を得て手術を行ったというものである。この事例では、患者の精神的状況から、理解力や判断力が十分ではないと考えて十分な説明がなされなかったが、この場合でも、医師の説明義務違反が認められた。患者の意向を尊重するためには、患者本人の理解度に合わせて説明する必要があるとされた。この事例が示すように、患者の意思能力が十分でない場合、いかにして患者の権利を保障するかは重要な問題である。

［4］患者の権利と意思能力

患者の権利の問題が患者の自己決定権を基礎とする場合、十分な判断能力や決定能力を有しない者にとって、この権利はいかなる意味を持つか。未成年者、知的障害者、精神障害者、認知症高齢者などに関する問題だ。これらの人々は民法上、完全な法律行為能力を有しない、いわゆる制限能力者である場合がある。通常、この人々の事柄に関わる意思決定には、親権者や後見人など法定代理人の同意や代諾が必要となる。しかし、医療行為の決定が通常の決定と異なるのは、その医療行為が本人のかけがえのない「身体」に関わる点である。意識不明状態の患者の延命治療の拒否（のちにみる尊厳死問題である）についても同様の問題がある。

未成年者の場合、通常、親権者や後見人の保護監督下にあり、これらの者が法定代理人として代理権や同意権を有する。しかし、「子どもの権利条約」（特に第一二条「意見表明権」）は、何歳から意思決定が可能かは状況に応じて判断されるべきだとする。つまり、幼いことを理由に、その意思を無視はできないのだ。親権者、後見人は、子ども本人との話し合いによって、お互いにとって最もよい決定を引き出すような関わりを持つことが必要だろう。また、成年の知的障害者や精神障害者の場合は、民法第九条以下の法定後見制度に基づいて判断されることになろう。いずれの場合も、本人の理解の程度に十分配慮した説明がなされ、その結果下された判断は可能な限り尊重されることが求められる。

［5］宗教上の治療拒否

意思能力の問題ではないが、宗教上の信条に基づいて、通常ならば承諾・同意が期待される治療行為が拒否される場合がある。たとえば、宗教団体「エホバの証人」の輸血拒否問題がある。「エホバの証人」の信者は、「他者の血を自分の身体に混ぜることは聖書によって禁じられている」という宗教的信条から、医療行為において輸血を拒否し、治療の過程で、患者は輸血しないことを条件に手術に同意するという場合がある。他方、医療者は、輸血をしなければ代替治療法がなく、手術自体が実質不可能になるというジレンマに陥る。この場合、患者の意思を尊重して死にゆくにまかせるか、あるいは患者の意思に反してでも強制的に輸血をするか、重大な決断を迫られる。本人の意に反して輸血が行われたとして家族が国を訴えた、東京大学医科学研究所附属病院「エホバの証人」輸血拒否事件（最高裁、二〇〇〇年二月二九日）では、輸血拒否の意思決定をする権利は患者の人格権の一内容だとした。手術の際に輸血以外には救命手段がない事態が生じる可能性を否定しがたいと判断した場合には、輸血する方針であることを患者に対して説明する必要があったとして、家族の主張が認められている。

［6］患者の個人情報保護とその限界

最後に、患者の個人情報の保護について触れる。患者には個人情報が保護される権利（これは医療従事者の守秘義務に対応する）があるが、これは「個人情報保護法」によって多くがカバーされる。しかし、個人の医療情報であっても、重大な感染症、遺伝病、遺伝子診断の結果など、その個人を取り巻く周囲の第三者にも重大な影響を及ぼす可能性のある情報については、個人の情報保護という利益よりも、ほかの第三者の利益保護が優先される場合がある。

たとえば、本人が性的関係を持つ第三者にＨＩＶ感染の危険性がある場合には、その相手に感染の危険性を伝える必要がある。また、患者の遺伝子診断でハンチントン病（四〇歳前後で発病することが多い常染色体優性遺伝病。神経細胞が侵され、不随意運動や精神症状、知能低下がみられる）などの重篤《とく》な遺伝病の遺伝子が見つかった場合、医師は、本人が伝えないで欲しいと申し出た場合でも、その家族に対して遺伝病の可能性を伝える必要があるとされる（ただし、ハンチントン病は治療法がないため、自分が実際にこの遺伝子を持つかどうかについては「知らされない権利」も尊重されるべきだろう。したがって、家族自身がこの遺伝子を持つかどうか、確定診断することまで求めるわけではない）。

［７］医学研究、医療と倫理——病院倫理委員会の実質的機能

新たな治療法や新しい薬の開発において、医療と医学研究とは密接に関わる。現代では、医療現場でなされる医学研究の倫理問題も重要である。これは、ＩＣの普及とともに、被験者としての患者の権利の問題として考慮されるようになっている。当初、医療機器、医薬品の製造販売への承認を目的とする臨床試験は、薬事法や「医薬品の臨床試験の実施の基準に関する省令」（ＧＣＰ）に従うことになっていた。その後、新たな技術の進展に伴い、医学研究は厚生労働省で作られる様々な倫理指針で規制されるようになった。厚労省では、「ヒトゲノム・遺伝子解析研究に関する倫理指針」（二〇〇一年）、「疫学研究に関する倫理指針」（二〇〇二年）、「遺伝子治療臨床研究に関する指針」（二〇〇二年）、「臨床研究に関する倫理指針」（二〇〇三年）、「ヒト幹細胞を用いる臨床研究に関する指針」（二〇〇六年）などのように、多様な倫理指針が作られ、相互関係が複雑になった。そのため、まず「人を対象とする医学系研究に関する倫理指針」（二〇一四年。以下、医学系倫理指針）がまとめられ、病院倫理委員会を設置して、医学研究は病院倫理委員会の審

査を受けることが義務となった。

しかしながら、このような制度によっても、利益相反を防げない事実が明らかとなった。一四年に発覚した「ディオバン事件」である。外資系製薬会社の社員が五つの大学医学部研究グループによる「高血圧治療薬バルサルタン」の研究に関与し、症例数の意図的な改ざんや血圧値のデータ操作を行い、効果が高いように見せかけた事例である。結果的に、この研究に関わる論文は撤回され、この企業と社員が薬事法違反で訴えられた（最高裁判決で、被告は薬事法違反について無罪となった）。これを受けて、一七年四月「臨床研究法」が制定され、企業の資金等を得て実施される臨床研究は、臨床研究審査委員会の審議で承認されてから実施可能となった。

さらに、「人を対象とする生命科学・医学系研究に関する倫理指針」が作られ、「ヒトゲノム・遺伝子解析研究に関する倫理指針」（二〇〇一年）と「医学系倫理指針」を統合した。

現在では、臨床における倫理問題も注目されるようになり、「医療倫理コンサルテーション」といって、各地域の医療機関が抱える倫理的問題について大規模病院が相談を受けたり、勉強会を行ったりしている。

2　ガン告知とホスピス

ＩＣの問題のなかでも最も関心が高いのはガン告知であった。一九八一年以来、ガンは日本人の死因のトップを占め、現在では、日本人のおよそ三人に一人がガンで死亡するといわれている。本節では、ガン告知について述べるとともに、さらにホスピスの問題を中心とした終末期医療のあり方にも言及する。

一　ガン告知の現状

［1］原則不告知から原則告知へ

かつて死に至る病の代名詞ですらあったガンは、その深刻さのゆえに病名や余命を告知しないことがむしろ原則だった。ところが、九〇年代以降、ガンの告知率は徐々に上昇し、地域のガン治療の中核病院に対する一九九七年の厚生省（当時）のアンケートによれば、ガン患者への告知率は七五％に達した（回答は二四施設、毎日新聞一九九八年三月二八日）。そして今や、九割以上のガン患者に告知しているとのデータもある（国立がん研究センター・がん登録センター「院内がん登録・二〇二〇年全国集計報告書」）。「ガンは死の病」として、まったく告知されなかった以前の時代に比べれば、医療者側も患者側もガン告知に対する意識には隔世の感がある。その違いは何によるのだろうか。

［2］告知率上昇の背景

告知率上昇の背景としては様々なものが指摘できよう。

①　第一にあげなければならないのは、ＩＣの観念が浸透したことだろう。アメリカでも、か

っては不用意な告知によって患者に精神的なショックを与えるべきではないというパターナルな配慮が優先していたため、六〇年代のガン告知率はわずか一二％しかなかったという。ところが、七〇年代、ＩＣの観念が浸透すると、告知率はいきなり九八％にまで跳ね上がったのである。

　わが国でも似たような現象が起きているといえよう。二〇〇三年二月〜三月に国が行った「望ましい終末期医療の在り方に関するアンケート調査」（以下、終末期医療調査）によれば、治る見込みのない病気の病名や余命を知りたいかについて、回答者の七六・九％が「知りたい」と答えており、「知りたくない」は一〇・九％にとどまった。その後の各種調査においても「知りたい」という比率は八割を超えており、告知への要望は明らかに高まっているといえる。

②　告知を受けたいという患者側の要望とは別に、医師側の理由もある。まず、ガンの治癒率が以前と比べかなり上昇したことだ。手術を受けたガン患者の五年相対生存率（全人口の生存率と対比したガン患者の生存率）は、Ｉ期では九五％を超え、Ⅱ期でも八〇％を超える（がん研究振興財団『がんの統計二〇一五年度版』による）。ところで、かねてより日本の医師は、患者の希望に応じてではなく、予後の良・不良に応じて告知の有無を判断する傾向があることが指摘されており、九三年一〇月の毎日新聞の医師三〇〇人に対するアンケートによれば、「治る見込があるとき」に知らせるべきとしたのが七〇％だったのに対し、「治る見込のないとき」に知らせるべきとしたのは二六％にとどまっていた。そして、終末期医療のあり方に関する懇談会の「終末期医療に関する調査」（二〇〇八年）によれば、医師が担当している患者が治る見込のない病気に罹患した

場合に、直截に「患者本人に説明する」と回答した医師は八・七％にとどまり、「患者本人の状況を見て患者に説明するかどうか判断する」が過半の五六・五％であった。時代が進んでも、予後次第で告知に慎重となる傾向は存在しているといえよう。このことは、ガンの早期発見や治療技術の進歩が結果的に告知率を引き上げることを意味している。

③　また、治療技術の進歩は治療方法の多様化ももたらしている。一口にガン治療といっても、病巣の摘出だけでなく、放射線療法、化学療法など多様な方法があり、いずれの方法をとるかは患者の経済的事情のみならず、価値観・人生観にも大きく依存する。告知を前提とした患者の治療法選択と治療への協力がいっそう必要になってきたのである。

④　さらには、ＩＣの浸透やガン治療に関する知識の普及の結果、「タチの悪い潰瘍だから摘出しましょう」といった病名転嫁では納得が得られなくなったこともある。次に述べるように、ガンの不告知は医師の説明義務違反だとして訴訟の対象になる場合もあり、訴訟を回避するという目的も背景としてあるだろう。

このように、告知率上昇の背景には、治療にあたる医師の側の事情があることも見逃せない。

二　ガン告知をめぐる裁判と文化

［1］判例にみる日本的文化慣行

「原則不告知から原則告知へ」という流れは、裁判所の判例においても見出すことができる。

一九八三年の名古屋地裁判決は「癌患者に病名を知らせることの是非は……各患者ごとに担当医師がその心理的影響を十分に配慮し、これを決すべきものであり、そのいずれを取るかは治療上の裁量に委ねられている」として、告知の是非は医師の裁量の範囲内にあるとしていた。

ところが、八九年、同じく名古屋地裁で争われた別の裁判では、患者本人が「自己決定権を有する」ことから、医師が「病気を正確かつ具体的に説明する義務」は医師の診療契約上の債務の一内容であることを認めた（九五年、最高裁上告棄却により確定）。ガン告知の現状と軌を一にしたものだ。しかし一方で、この判決には日本的な文化慣行への支持とも取れる部分がある。

①　前述のように、わが国には、告知の有無は「予後の良・不良に応じて判断する」という文化慣行がある。判決は、説明義務は認めたものの、説明の相手、時期、内容、程度は「医師の裁量の範囲内」にあるとし、特に「不治ないし難治疾患については、患者に与える精神的打撃を配慮する慎重さが望まれる」として、この文化慣行を是認している。また、説明の時期については、別の事件において、初診段階で医師がガンの疑いを告知しなかったことは「不合理とは言えない」として、医師の裁量を認めた最高裁判決がある（九五年四月二五日）。

②　また、「予後の悪い胆のう癌については患者自身はともかく、患者の家族に対して、その旨を説明する必要は認められる」という（本件の場合、「確定診断前」だったため、この義務も発生していなかったとする）。「患者自身はともかく」というのだから、結局、端的に説明義務を負うのは家族までであって、本人への告知は医師の裁量の範囲内ということになる。これもまた、「家族

には告知するが、本人には告知しない」という日本的文化慣行を是認したものと理解できる。本人に告知をしない以上、告知に適当な家族がいれば家族に対して説明義務があるとする、別事件の最高裁判決もある（二〇〇二年九月二四日）。

［2］ガン告知と文化

しかしながら、自己決定権の本来の趣旨からすれば、予後の良・不良にかかわらず告知すべきだということになるはずだ。それどころか、ライフスタイルへの影響を考えれば、予後不良のガンであればなおのこと告知が必要だといえるかもしれない。家族のみへの告知に至っては、むしろ自己決定権を侵害するものだとさえいえよう。

このように、わが国のガン告知においては、自己決定権に基づくＩＣの浸透と日本の文化伝統に根差した慣行との間に「ねじれ」が生じていることがわかる。

実は、欧米社会でも、厳密にいえば、アメリカ、イギリス、ドイツなど個人主義倫理の強い国に比べ、フランス、スペイン、イタリアなどの共同体主義倫理の強い国では告知に慎重な傾向のあることが知られている。後者の倫理観においては、他者感情への配慮が重要な意味を持つからである。日本の文化慣行もこちらに属していると考えられる。

しかし、それではただ告知しさえすればよい、また家族抜きで本人にのみ告知すればそれでよい、ということになるであろうか。告知のあるべき姿をさらに深めて検討してみよう。

三　ガン告知のあるべき姿

［1］治療選択権の保障としてのガン告知

ガン告知は医師と患者や家族との関係性の中で行われるため、その時期、方法、程度などすべてにおいてケースバイケースである。その限りで、日本的な文化慣行が配慮されるのは当然のことだろう。しかし、それでもなおガン告知にあっては、自己決定権に基づく、患者本人に対する告知が原則であることに変わりはない。そもそも「同意」なき医療行為は傷害罪にあたるし、医療行為の委託者たる患者に対し、受託者たる医師が「説明」することは民法上の義務である。さらに、ＩＣの概念は、単なる「説明と同意」だけではなく、患者がみずからの身体の状態や病状を知り、これに基づいて治療手段を主体的に選択するという、患者の「治療選択権」を保障するものである。したがって、一般的にいえば、病名の告知のみならず、病状の告知、可能な治療方法についての情報提供、各治療法のメリット・デメリットの説明、治療体制に関する情報提供なども必要になってくる。かかる情報を総合的に勘案して治療手段を選択する権利が患者にはあるのだ。

患者が本来有するこのような権利の保障が、文化慣行に優先すべきことは論を俟たない。家族の心情への配慮は大切だが、そのことが患者本人の治療選択権を剥奪、抑圧するものであれば、文化慣行への配慮は正当化されえない。

［2］不告知が正当化されるケース

患者本人への告知が原則ながらも、不告知、ないしは家族への告知のみが正当化されうるケースはあるか。

①「知らないでいる権利」の保障　まず、本人が告知を望まない場合だ。死を直視せず、治る希望を抱いたままでいたい、あるいは曖昧なまま放っておいてほしいという要望も生き方の選択肢の一つだろう。さらには、「生死一如」という仏教的人生観もある。「人は一瞬一瞬に生き、一瞬一瞬に死ぬ存在。人生これ毎日が臨終であり、人は自分の死を知る必要もないし、知るべきでもない」といった考え方だ。患者の自己決定権には「知る権利」のみならず、このような「知らないでいる権利」も含まれるのである。あるいは、「知る権利」とは、正確にいえば、「知るか知らないかを自分で選択できる権利」のことだとも理解できる。告知には医療側の都合もある。「知る権利」の名のもとに「知らないでいる権利」が侵害されるならば、これもまた、自己決定権の本来の趣旨を活かしたことにはならない。

② 自己決定能力の不十分　たとえば、乳幼児や末期患者などのように、自己決定能力が十分でない場合、本人の意思表示を鵜呑《うの》みにできないケースがありうる。このような場合、医師に治療的見地からする不告知の裁量権を認めることは妥当だろう。

［3］ガン告知と精神的ショック

ところで、不告知を正当化する根拠として最もよくあげられるのは精神的ショックである。告知が患者に精神的ショックを与え、ガンの進行を早めたり、QOLの低下を招いたり、治療への協力を困難にしたりするというのだ。たしかに、告知が患者の抑うつ状態を引き起こす（あるいは助長する）ことはありえないことではない。場合によっては、抑うつ状態から自殺に至ることもないとはいえないだろう。このような可能性が十分に認められるならば、治療的見地からする不告知は正当化されることになる。

とはいえ、これを過大視すべきではない。近年の研究や調査は、むしろ不告知の方がかえって精神的ショックを招く場合が多いという逆の結論を導き出しているからである。告知された患者の八五％は特に精神状態に変化がなかったが、逆に、告知されなかった患者の五九％が末期に不安や興奮状態を示したという報告もある（一九八七年、日本癌学会での国立がんセンター岡崎内科医長の発表による）。

このような一般のイメージとは異なる結果が生じるのは、患者の心理にある種のダイナミズムがあるためだと考えられる。ガン患者の心理過程を分析した古典的名著、E・キューブラー・ロスの『死ぬ瞬間』によれば、ガン患者は、まず「そんなはずはない」という「拒否」の態度から始まって、やがて周囲に「怒り」を覚えたり、「この仕事が完了するまで生きられるならそれ以上は望まない」といった「取引」を試みたり、「絶望」したりする。しかし、たいていの人は決して「絶望」の段階で終わることはなく、「残された生を精一杯生きよう」と発想転換して、「死の受容」に至るのだという。

これに対し、患者のためによかれと思ってなされる不告知や病名転嫁は、かえって死の受容を困難にする。生死一如のような宗教的達観を有している場合を別にすれば、多くの人は「やはり自分はガンなのではないか」という疑心暗鬼にとらわれたり、「いつ死が訪れるのか」という不安や恐怖にさらされたりするからだ。精神的ショックが不告知を正当化するケースは必ずしも多くはないというべきだろう。

［4］告知後の生き方を支える対話とケアの必要性

もっとも、そのような現実の受容に至るためには、患者の心理過程を考慮に入れた高度な告知技術の開発、さらには告知後の患者の思いや生き方を支えていくケアの姿勢とシステムが必要になってくる。患者の思いは紆余曲折するのが通常であり、さらにいえば患者にとっていっそう重要なのは、告知そのものより、告知後に自分らしい生き方ができるかどうかであろうからだ。受容の意味と意義はそこにあるのである。しかしそのためには、医療者が提示する方法に対する同意・不同意が到達点となるICでは不十分であろう。医療者と患者が解決策を協力して見出そうとする「シェアード・ディシジョンメイキング」、さらには「アドバンス・ケア・プランニング」（人生の最終段階の医療・ケアについて、本人が家族等や医療・ケアチームと事前に繰り返し話し合うプロセス。第5章「安楽死・尊厳死」参照）といった共同的な意思決定とコミュニケーションのあり方が今、主張され始めている。

本人の「生き方」を支える働きは、医師だけでなく様々な立場の支援者による「チーム医療体制」にならざるをえない。そして家族もまた、患者を支えるその輪の中に位置づけ直されていくことになろう。このような転換をめざし実現してきたのがホスピス医療である。

四　ホスピス医療の理念と実際

［1］ホスピス医療の理念

「ホスピス」（Hospice）の語源はラテン語の Hospes（客人）という言葉である。この言葉から Hospital, Hotel, Hospitality などの単語が派生してきた。いずれも、「客人をもてなす」という意味を含んでいる。それゆえ、本来、病院（Hospital）にも「もてなし」（Hospitality）という意味が込められていたのだ。事実、古代・中世の病院は治療施設であるのみならず、患者の精神的・霊的癒しをも目的とした、全人的な、病者のもてなしのための施設だったのである。

ところが、近代医療の発展とともに、病院は病気の治療を至上目的とする施設へと変貌していった。医療の対象は「病人」というよりは、「病気」そのものとされるに至ったのである。しかし、現代に至り、このような近代医療の「治療・延命至上主義」の限界が指摘されるようになった。治療・延命にはおのずから限界があるのみならず、「治すこと」（cure）よりも「看取ること」（care）が必要な、終末期にある患者が医療の目的から排除されてしまうからだ。

そこで、病院の原点ともいうべき「全人的なもてなし」のための施設に回帰することをめざしてホスピス医療は始まった。その最初は、一九六七年、シシリー・ソンダースにより設立されたイギリスの聖クリストファー・ホスピスであるといわれている。

［2］ホスピス医療の実際

「全人的なもてなし」とは、どういうことだろうか。それは終末期にある患者が抱える多元的な欲求や苦痛に包括的に応え、かつ患者の尊厳を保つということである。

①　肉体的な苦痛の緩和　多くの患者は肉体的苦痛を経験する。ホスピス医療においても疼痛コントロールは行われるが、それは単に痛みをとることが目的なのではなく、じっくり生き方を考えたり、できる限り日常的な活動を可能にすることが目的である。そのため、意識の混濁や朦朧《もうろう》をもたらすような投薬方法は避けられている。また、できるだけ食事を経口摂取できるように援助すること、できるだけ人工呼吸器にはつながないことなど、患者のＱＯＬを損なわない工夫がなされている。

②　精神的苦痛の緩和　終末期にある患者は死を前にした孤独、不安、悲しみなど、精神的な苦痛も伴うものだ。こうした精神的苦痛からの解放を支援することもホスピス医療の課題である。そのため、施設は落ち着きのある、人間的な生活空間を確保できるよう工夫されている。スタッフも医療を施す側と受ける側というタテの人間関係ではなく、問題をともに背負う者としてのヨコの人間関係を心がけている。さらに、精神的苦痛の緩和には家族や友人やボランティアなど、医療外の人々にも参加してもらう「チーム・アプローチ」が重要な役割を果たしている。

③　社会的な悩みに対する支援　終末期にある患者は社会的な悩みを抱える場合も多い。入院費用や家族の今後などの経済問題、子どもの養育や家事などの家庭問題、やり残した仕事や会

社の今後への不安といった職場の問題などだ。これもまた、ケースワーカーなどを含めたチーム・アプローチが求められる課題である。

④　宗教的苦悩に対する支援（スピリチュアル・ケア）　患者は「生きる意味は何か」、「死とは何か」という問題そのものに対する宗教的救済を求めることもあるだろう。何らかの宗教的背景を持ったホスピスでは、施設内に礼拝施設や専属の宗教者などがおかれているが、そうでない場合でも、生と死の意味に苦悩する者に対する支援体制（スピリチュアル・ケア）が必要だろう。

⑤　家族に対する支援　ホスピス医療は家族をチーム・アプローチの重要なメンバーと考えるとともに、苦痛緩和の対象とも考えている。身体的な負担の軽減、家族の死を受容するためのカウンセリング、経済問題や家庭問題に関する相談、さらには、死後の遺族の悲嘆教育（Grief Education）などもホスピス医療の重要な課題である。

［3］もてなしの医療の広がりへ

ホスピス医療は終末期にある患者にとって、自分らしく生きるための援助として必要性がきわめて高い。わが国では、一九九〇年の「緩和ケア病棟入院料」新設により、ようやく緩和ケア病棟が制度化されるに至った。当初は五病棟（一一七床）にすぎなかったが、二〇〇〇年には八八病棟（一六五九床）、一〇年には二二五病棟（四四九床）、そして二一年には四五六病棟（九三八三床）と徐々に拡充をみてきた（『ホスピス緩和ケア白書二〇二二』六八頁）。さらに、四半世紀の歴史のなかで、終末期に限定されることのない緩和ケアの必要性が認知され始め、二〇〇二年には「緩和ケア診療加算」によって、一般病床の入院患者に対する「緩和ケアチーム」が創設された。さらに〇六年に制定されたがん対策基本法では、「がん患者の療養生活の質の維持向上」という規定が定められ（第一六条）、早期からの疼痛緩和医療、そして居宅でのガン医療提供のための連携協力体制の確保などの施策が求められることが明記された。

しかし、ガン患者の死亡場所は、二〇二〇年現在でも依然として一般病棟が七割近く、緩和ケア病棟は一二・五％、自宅は一六・九％にとどまる（前掲『白書二〇二二』七六頁）。ニーズに比して、緩和ケア病棟の数はなお十分とはいえないのが現状である。

そして、患者が最も希望する在宅療養への流れも十分整えられているとはいいがたい。二〇一八年の『人生の最終段階における医療に関する意識調査報告書』によれば、一般国民が最期を迎えたい場所を自宅とする割合は約七割に上っている。その思いに寄り添うためには、在宅ホスピスの充実とともに、入院と在宅をつなぐ「連携協力体制」強化が求められる。たとえばデイホスピスのような取り組みを積極的に実現していくことが必要になってこよう。

また、ガン以外の難病患者を対象としたホスピスの必要性も指摘されているところである（実際、九五年に、わが国で最初のエイズ・ホスピスが創設されている）。ガンに限らず、病いや障害や老いを抱える人たちの地域のなかでの看取りを、空き家の民家で展開しているホームホスピスは注目すべき試みといえよう。

このように、ホスピス医療にはなお多くの課題が残されている。そしてこれらに取り組むことは同時に、わが国の医療がより人間的な医療への道を歩んでいくことでもある。「もてなしの医療」というホスピスの理念は現行のホスピス医療だけにとどまるものではない。むしろ、あらゆる医療の場において回復されるべき理念だろう。「もてなし」の精神をいかに普遍化していくか、これが次の「看護の倫理」の課題である。

3 看護の倫理

ホスピス医療にも窺われるように、現在、治療（Cure）と看護（Care）との関係は、ある意味で、近代以前の関係に回帰しつつあるといえる。すなわち、ケアを治療の補助的作業として位置づけた近代医学のあり方から、患者の全人的ケアの一手段として治療を位置づける近代以前のあり方への回帰だ。このことは、ケアのエキスパートとしての看護師の果たすべき役割にも変化を求めることになるだろう。これまでの生命倫理学では、医師と患者との関係に関心が集中し、医療をめぐる法や倫理の問題において、看護師がどのような位置を占めるのかについての関心は薄かった。しかし、医療が全人的ケアの大切さを再認識するにつれて、看護師への役割期待も高まりつつあるといえる。ここでは、ケアの時代における看護師の倫理に焦点をあてて考える。

一　ナーシング・アドボカシーの倫理

一九七〇年代からナーシング・アドボカシー（Nursing Advocacy）と呼ばれる、新たな看護倫理が提唱されてきた。まだ定訳はないが、「看護的擁護」あるいは「看護を通じての代弁」といった意味である。その主張を要約するならば、看護職は患者の利益の側に立つべき職務であること、しかもそれは単なるお題目としてではなく、患者の利益に反するような指示が医師から出された場合には、看護師は医師の側ではなく、患者の側に立って、そのような指示を拒否すべき責務を含むというものだ。たとえばアメリカ看護師協会の「倫理綱領」は、「看護師は患者の擁護者として、ヘルスケア・チームのメンバーによる、またはヘルスケア・システムによる、無資格・非倫理的・不法・有害な行為がなされるいかなる場合にも、また患者の権利や最善の利益を脅かす人々のいかなる行為に対しても、警戒して適切な行動をとらなければならない」と述べている。

こうした考え方は、看護師を病院や医師の延長線上ではなく、患者の延長線上に位置づけるという点において、また、看護職を病院経営者からも、医師からも、患者からも独立した自立的専門職とするという点において、従来の看護師の立場に大きな修正を迫るものといえる。

高度な治療方法や複雑な医療システムの中におかれた患者は「これはひどい扱いだ」とは思っても、それが本当に非人間的な扱いなのか、それとも治療上やむをえない措置なのか、にわかに判断のつかないことが多い。仮に権利侵害を認知したとしても、身体的な衰弱や医師との社会的・心理的な力関係のために、泣き寝入りを余儀なくされるケースも少なくない。そこで、このような侵害があった時に、看護師が患者の利益を擁護し、代弁する役割を担うべきだというのがナーシング・アドボカシーの主張である。「医師の手足」という、これまでの看護師像とは違って、患者の利益のために積極的に活動する外向的な看護師像だ。

一方、八〇年代に入り、患者への「思いやり」や「共感」といった伝統的な看護師の徳性を再評価し、ケアリングの意義を高めようとする看護倫理が現れた。これが「ケア倫理」である。

二　ケア倫理

［1］ケア倫理の発見

ケア倫理は発達心理学者キャロル・ギリガンらによって提唱された理論である。ギリガンは、道徳観念の発達の研究を通じて、男性と女性とでは異なった発達経過をたどることに着目した。発達の最終段階として、多くの男性は普遍的な原理やルールに依拠して物事を判断するようになるのに対して、多くの女性はおかれた状況や人間関係への配慮を重視して物事を判断する傾向があるというのだ。

このような、規範に依拠しない判断は、従来の道徳理論では未発達な段階として低く評価されてきた。しかし、ギリガンは、規範に依拠することこそが道徳発達の到達点なのだとする従来の道徳理論は、男性のみを尺度として測定された、それ自体、性差別的な発達理論であると批判する。彼女は、個々具体的な状況や関係性を重視して結論を導き出そうとする、女性に多くみられる推論方法を「ケア倫理」と名づけ、普遍的原理に依拠して結論を導き出そうとする、男性に多く見られる推論方法（これを「正義倫理」と呼ぶ）と等価値におくべきことを提唱した。ギリガンの主張は伝統的道徳理論に潜む男性中心主義を暴露するものとして、フェミニストからも高い評価を得たのである。

フェミニズムばかりではない。ケア倫理の発見は生命倫理の領域にとっても貴重なものだ。多くの生命倫理上の問題は単に普遍的原理を適用するだけで解けるものではないからである。中絶問題のように、当事者のおかれた状況や関係性を考慮しなければ、結局、妥当な判断は導き出せない。そもそも、いのちは他者との関係性の中にしか生きられないということに思い至れば、ある意味において、これは当然のことだともいえよう。

［2］看護の倫理としてのケア倫理

さらに、ノディングスはケア倫理を看護の倫理に強く結びつけた。彼女によれば、ケアリングとは相手の立場に共感し、その不安や苦痛を共有することである。彼女はこれを「没入」(engrossment) と呼ぶ。看護師にとって何より大切なのは、患者の不安や苦痛の経験をみずからの経験として受容し、患者の立場に没入することであり、ケア倫理的な思考法は看護師にとって必要不可欠な徳性だという。ケア倫理を導入することで、とかく補助的業務とみなされがちだった看護に固有の意義と役割を与えようとした。

しかし、ケア倫理には批判もまた多かった。リベラルなフェミニストからは、ジェンダー本質主義に与するものではないかと、正義論者からは、個別的状況や関係性の重視は普遍的な原理に基づく公正な扱いを過小評価し、社会の不正や不公平を隠蔽するのではないかと批判された。

また、看護倫理については、公平さへの配慮を持たないケアリングは単なる偏見や気紛れの域を出ないというクーゼの批判がある。クーゼは、看護におけるケアリングとは患者の自発的意思に傾注し、それを正しく汲み取ることにほかならないという。さらに、ナーシング・アドボカシーの推進者からは、ケア倫理は旧態依然とした母性的看護師像へ逆戻りするばかりか、患者の立場に没入せよという、古い看護師像以上に過剰な役割を負わせるものだとの批判を受けた。

これらの批判は、ケア倫理の短所を指摘する視点からはいずれも正当なものだ。とはいえ、ケア倫理の問題提起を無効にはしない。状況適合性や関係性への配慮がカント以来の伝統的な規範倫理学において正当な評価を受けてこなかったことは、紛れもない事実だからだ。

真理はその中庸にあるというべきだろう。すなわち、正しい倫理判断がなされるためには、原理への言及と状況や関係性への考慮とがともに必要だからだ。実際、現実の倫理判断では、誰しも（男性も女性も）双方の推論方法を往復的に用いているものである。看護倫理においても、この両者の利点がうまく活かされたモデルを模索する必要があろう。そこで、再びナーシング・アドボカシーの問題に戻って、両者の利点を活かせるモデルを考えてみよう。

三　患者の何を擁護するのか

ナーシング・アドボカシーは患者の権利や利益の擁護を、単なる心構えとしてではなく、看護師の責務として、つまりは看護職の職業倫理の一環として求めるものである。このような主張が生まれてきた背景についてはすでに述べたが、しかし、なぜこれが看護師の責務なのだろうか。

この点を考えるためには、そもそも「患者の何を擁護するのか」を明らかにする必要があるだろう。これについては、擁護すべきは患者の有する法的権利だとする「法的権利モデル」、擁護すべきは患者の意思だとする「実存的アドボカシーモデル」などが提唱されてきたが、いずれも妥当なものとは思えない。法的権利が擁護の対象ならば、看護師よりも弁護士の方が擁護者として適任だろうし、患者の意思が擁護の対象ならば、家族や親友の方がよほどふさわしそうだ。いずれも看護職独自の利点は結局活かされないことになる。

そこで、真の「患者の擁護」とは、患者の意思を鵜呑みにするのではなく、患者の人格としての価値、すなわち生命・健康や尊厳を擁護することであり、場合によっては患者を説得してでも、これらの価値を実現することと考えるのが「人格尊重モデル」だ。このモデルに従えば、看護師の役割は職業上の技術や知識や経験を提供しつつ、患者とのケア倫理的関わりを通じて患者の意思形成過程に参加することと考えられる。場合によっては、説得というかたちで意思形成に参加することもありうる。

このように理解してこそ初めて、患者の擁護が看護師の責務であることが説明できる。なぜなら、患者の人格擁護のためには、患者の有する権利の理解、医師や病院の利害からの独立性、医療上の知識や病院システムに関する情報、そして何よりも、患者の不安や苦痛に共感できるケアリングの徳性を有することが求められるが、これらの要件を最も充たすのはまさに看護師しかいないからである。

四 「患者の擁護者」としての看護師に求められること

患者の人格価値を擁護することは、看護師の職務上の責務である。ならば、看護師には、当然、患者の擁護者たるにふさわしい資質が求められる。医療上の知識を有するのみならず、最低限の法律知識や患者の尊厳や看護職の自立性を意識した高い職業倫理、さらに他者の立場に共感しうる深い感受性などを持つことが求められる。ことに看護師は、患者があらゆる意味での報復をおそれずにオープンに話せる存在でなければならない。そのためには、患者と人格的なコミュニケーションのできる安定的で信頼感のある態度、コミュニケーションそのものの技術、しばしば特殊でさえある患者特有の心理を理解するための心理学的な素養なども必要となる。看護師には、単なる看護技術の習得にとどまらず、包括的な人格教育が求められるのだ。

また、看護師は不法な指示や反倫理的な指示を拒否する職業上の責務を持つが、このことを医師も病院も、さらには社会全体も認知する必要がある。患者の立場に立った正当な拒否行為が解雇や職場での不利益な扱いにつながるようでは、看護師はこの責務を十分に果たすことができない。患者に対する不法・不当な扱いを告発する行為を擁護する「告発保護条項」の制定がわが国でも必要だろう。

医学研究の倫理的問題を審査する臨床研究審査委員会などでも、看護師の役割が期待される。なぜなら、研究の倫理性を審査するうえでは、医学的専門知識や検査データ判読の知識が必要であり、「この患者」にとって何が倫理的問題か、を具体的に判断することは困難だからである。研究計画書の同意説明文書の文言や利益相反に関連する情報の判断だけでは、本当の倫理的問題は見抜けない。特に、副作用の強度な抗がん剤の臨床研究などで、研究途中で命を落とす患者が

コラム

東洋の「医の倫理」

「ヒポクラテスの誓い」が西洋の「医の倫理」だとすれば、東洋の「医の倫理」は「医は仁術」という言葉に集約できるだろう。唐の徳宗の時代の宰相、陸《りく》宜《ぎ》公の言葉「医は、以って人を活かす心なり。ゆえに医は仁術という」に由来するとされている。日本では、江戸時代、貝原益軒が『養生訓』（一七一三年）に引用したことで拡まったという。益軒は「医は仁術なり。仁愛の心を本とし、人を救うをもって志とすべし」と述べ、人のいのちは尊いものだから、病人をおろそかにしてはならず、「貴賤貧富の隔てなく、心を尽くして病を治すべし」と説いている。医療を、仁愛という東洋的なケアリングの精神の営みとして位置づけるものだ。特に、「わが身の利養をもっぱら志すべからず」つまり、医師は個人的な利益追求に走ってはいけないと説いている点は、現代の医療倫理にも通じるものだろう。ちなみに、「医は算術」の現代版パロディは「医は算術」。益軒が聞いたら、さぞや嘆くにちがいない。

いることに留意しなければならない。これは過剰治療ともいうべき状態であり、コストベネフィットの観点からも、患者にとってはメリットのない状況である。一刻も早く、このような状況を止める必要があると思われる。

第5章

安楽死・尊厳死

生命の尊重と人間の尊厳

カレン・アン・クインラン高校卒業時の写真
(*Karren Ann: The Quinlans Tell Their Story*, 1977)

人間の「生命の尊重」は、古来より現在に至るまで、社会の基本的な倫理原則であり法原則であった。「人工妊娠中絶」（第3章）や「脳死」（第6章）といった課題にみられるように、生命が尊重されるべき「人間」の範囲がどこまでかについては、今なお論争の対象だ。しかし、「人間」と認められる以上、その者の生命はこの原則によって守られる。そして、その保護の度合いは、この原則が絶対無条件なものと位置づけられるほど強力になっていく。保護がより強力に必要なのは社会の中でも「排除」されがちな人間であろうからで、この原則の強調は、その者たちの人間としての尊厳を確認し、「排除の文化」自体の告発につながっていく可能性も高い。

それでは、生命の尊重は絶対無条件な原則といってよいだろうか。生命の尊重がかえって人間の尊厳を損なう場合があるのではないか。この問いもまた、古来より真剣に取り組まれてきたものだが、医療における生命管理、延命措置の技術が飛躍的に発達した現代において、また新たなかたちで私たちに迫ってきている。

本章では、「安楽死」、「尊厳死」をテーマにして、現代社会に生きる私たちが生命の尊重と人間の尊厳との調和をどのように図るべきかについて考えてみることにしよう。

1　安楽死・尊厳死とは

安楽死・尊厳死という表現は、きわめて多義的に用いられている。その是非について論じる前に、概念の整理をしておくことが有益だろう。

一　安楽死とは

［1］安楽死概念の歴史

「安楽死」を表す英語の euthanasia は、ギリシア語の eu と thanatos から、一七世紀にフランシス・ベーコンによってつくり出されたといわれる。eu は「よい」（good）とか「気高い」（noble）、thanatos は「死」（death）を意味する。したがって、euthanasia はもともと、安らかで尊厳に満ちた「よき死」（good death）という言語的意味を持っていた。しかし、現在では一般に、それとは逆の状態、すなわち苦痛に満ちた侮辱的な状態から解放されるための死、「安楽になるための死」という意味で用いられる。

この安楽死概念は、死苦におかれた者を放っておくよりは、早く死なせてあげる方がいっそう人間的であるというヒューマニズムに基づいて、近代以降登場してきたものだ。すでに一六世紀に、トマス・モアはこのような意味での安楽死論を展開している。また、日本で初めて安楽死問題を取り上げたのは森鷗外の小説『高瀬舟』だが、鷗外はこれとは別に『高瀬舟縁起』という小文を書き、安楽死概念を紹介している。

「ここに病人があって死に瀕して苦しんでゐる。それを救ふ手段は全くない。傍からその苦むのを見てゐる人はどう思ふであろうか。縦令《たとい》教のある人でも、どうせ死なくてはならぬものなら、あの苦みを長くさせて置かずに、早く死なせて遣りたいと云ふ情は必ず起る。……即ち死に瀕して苦むものがあったら、楽に死なせて、其《その》苦を救って遣るが好いと云ふのである。これをユウタナジイといふ。楽に死なせると云ふ意味である。」

しかし法的には、患者の嘱託《しょくたく》（任意の依頼）に基づいて死に至らしめることは刑法第二〇二条にいう「嘱託殺」に相当する。したがって、法的な意味で「安楽死を肯定する」とは、安楽死を嘱託殺の違法性阻却《そきゃく》事由（違法性がないとして犯罪の成立を停止する根拠）や責任阻却事由（他の行為が期待できず、責任が問えないとして犯罪の成立を停止する根拠）として認定することを意味している。

ただ、安楽死と一口にいっても、様々なケースがある。一般に、安楽死の概念は以下のように分類されている。

［2］ 強制的安楽死と任意的安楽死

「死苦からの解放」として死を選択するといっても、当の本人が選択するのならば、それは自殺の問題ということになる。それが安楽死と呼ばれるためには、死が本人以外の者によってもたらされるのでなければならない。このように、本人以外の者の行為に基づく生命の意図的短縮・断絶を広く安楽死と呼ぶとすれば、それはきわめて古い歴史を持つ。古代ギリシアのポリス、スパルタでは、障害を負って生まれてきた新生児を川に流して溺死させる風習があったという。また、ローマ時代のマルセイユでは、ストア思想の影響のもと、社会的義務を果たせなくなった瀕死者に死毒を与えるよう、市議会で決議したという。このように、安楽死が社会にとって無用とみなされた者を強制的に社会から排除するかたちで行われる場合、これを「強制的安楽死」という。

こうした行為の現代的再現がナチスの強制的安楽死だった。最初は障害児を中心に、その後は老人ホームに収容されていた老人に至るまで強制的に連行され、安楽死が施された。単に抹殺されるだけでなく、軍事実験や病理実験のために生命を奪われることもあったという。その犠牲者は、実に二七万人に及ぶといわれる。このような優生思想に基づいた強制的安楽死が、こんにち、もはや法的にも倫理的にも正当化の余地がないことは、改めて論じるまでもないだろう。第二次世界大戦後のドイツで「安楽死」という用語が避けられ、一般に「臨死介助」（Sterbehilfe）という用語が用いられているのは、このような背景があるためだ。そして二〇一六年に入所者四五人が殺傷された相模原障害者施設事件が発生し、また毎年何件も介護殺人事件が起こっているわが国の現実を見るとき、私たちは「強制的安楽死」が決して過去の問題ではないことを肝に銘じるべきである。

ナチスの強制的安楽死、障害者を送るバス

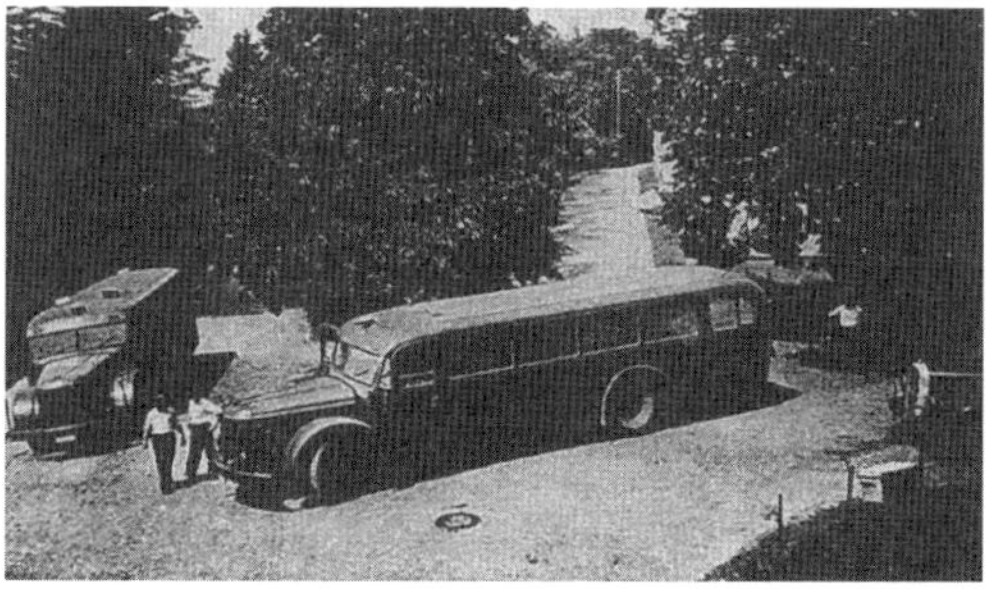

出典：ヒュー・G・ギャラファー（長瀬修訳）『ナチスドイツと障害者安楽死計画』（現代書館、1996年）244頁

安楽死をヒューマニズムに立って容認するとしても、そのめざす目的を実現するためには、国家権力による悪用や社会的圧力から患者らを保護する必要がある。最低限、本人の任意の同意が必要だろう。これを「任意的安楽死」あるいは「同意的安楽死」という。こんにち議論の対象となっているのは、この任意的安楽死のみである。

［3］直接的安楽死と間接的安楽死

任意的安楽死は、さらに「直接的安楽死」と「間接的安楽死」とに区別される。直接的安楽死が生命の短縮・断絶を直接の目的としているのに対し、間接的安楽死はこれを第一の目的とせず、むしろ苦痛の除去を直接目的とした行為が、結果として生命の短縮をもたらす場合をいう。よくあげられる例としては、肉体的苦痛の緩和を目的として、生命短縮の危険を承知しつつモルヒネなどの鎮痛剤を繰り返し投与する場合などがある。

間接的安楽死に関しては、たとえ間接的にではあれ、人為的に死期を早める行為が是認されうるかという問題があろう。しかし、一つの行為から善と悪の二重の結果が生み出される場合、次のような条件に合致するならば、「二重結果の原則」と呼ばれる倫理学上の原則により正当化されると一般に考えられている。すなわち、①社会的に是認しうる手段が用いられていること、②行為者の意図は善い結果の方であること、③その行為によって直接的に生み出されるのは善い結果の方であり、悪い結果は善い結果と同程度以上に直接的ではないこと、④間接的によって生み出される悪い結果は、これを容認しうるだけの相当な理由があること、などの条件だ。間接的安楽死は「苦痛からの解放」という「善い結果」をめざしながら、それに付随して「生命の短縮」という「悪い結果」を伴うものであり、上記のような条件を充たしている限りは倫理的に正当化されると考えられる。

［4］積極的安楽死と消極的安楽死

直接的安楽死は、さらに「積極的安楽死」と「消極的安楽死」とに区別される。積極的安楽死は本人の嘱託または承諾に基づいて、死をもたらす意図をもって、作為によって生命の短縮・断絶を行う場合である。たとえば、致死量の薬物を注射して死に至らしめることなどがこれにあたる。安楽死の是非が最も激しく争われているのがこのケースだ。そのため、積極的安楽死は最も狭い意味での安楽死だといえる。

一方、消極的安楽死は生命維持のために必要な基本的措置を、それがなされなければ生命が短縮・断絶され、死期が早まることを認識しながら、あえて行わない場合である。たとえば、自力で栄養を摂取できない嬰児や植物状態患者に、あえて栄養や水分を与えないで死に至らしめる場合などがこれにあたる。この消極的安楽死を「尊厳死」（Death with Dignity）と呼ぶことも多い。しかし、両者は概念上、区別して考えた方がよいだろう。概念のくくり方の違いにすぎないともいえるが、尊厳死という表現が用いられるようになった背景を考慮すれば、尊厳死にあたるケースはいっそう絞って考えておいた方がよい。

二　尊厳死とは

では、安楽死と尊厳死の違いはどこにあるのだろうか。安楽死反対論者のなかには、安楽死という抵抗ある言葉を避けて、尊厳死という婉曲な言葉に置き換えただけなのではないかといった批判もあるが、この両者にはいくつかの点で、概念上区別して理解すべき理由がある。

まず第一に、安楽死は人間にとって古典的なテーマの一つだが、尊厳死は生命維持医療の発達とともに現れてきた、現代的な新しい概念だということである。一九九四年の日本学術会議・死と医療特別委員会の「尊厳死について」の報告は次のように述べている。

「生命維持装置の導入など、生命維持治療の長足の進歩により、輸血、高カロリー輸液、心臓マッサージ、人工呼吸などの延命措置が発達し、従来は不可能であった患者の治療が可能になってきたが、それに伴い、末期状態にある患者の延命も可能になり、ガンなどの激痛に苦しむ末期状態の患者や回復の見込みがなく死期がせまっている植物状態の患者に対しても、延命医療を施している場合が多い。尊厳死は、こうした助かる見込みがない患者に延命医療を実施することを止め、人間としての尊厳を保ちつつ死を迎えさせることをいうものと解されている。」

この報告にもみられるように、尊厳死とは、医療技術の高度発達という現代の福音から皮肉にももたらされる「過剰延命からの解放」を意味している。尊厳死肯定論の背後には、現代医学のもたらした治療・延命至上主義への批判と反省があるのだ。

第二に、目的という観点からみるならば、尊厳死は、積極的安楽死はもとより、消極的安楽死ともその目的を異にする。同じ不作為によるとしても、消極的安楽死が死期（自然な死）を早めることを目的とするのに対し、尊厳死は死期の不当な引き延ばしをやめ、むしろ「自然な死」（Natural Death）をもたらすことを目的としている。人は自然な死を迎えることこそ最も望ましいことであるという倫理観に立つならば、前者は認められないが後者は認められるという立場が成り立ちうる。事実、カトリック教会はこのような理解に立つ。

第三に、尊厳死が過剰延命の中止を目的とするものだとすれば、中止される措置が消極的安楽死とは異なってくることもある。病院において通常、患者に施される措置には、①主因たる病気の治癒のための治療、②生命維持のための治療、③他の派生的な病気の治療（肺炎などの派生的な病気に対する抗生物質や解熱剤の投与等）などのほか、④日常的に不可欠な基本的措置（水分や栄養の補給）、⑤疼痛緩和治療・ケア、⑥生活援助としての看護ケア（身体衛生の保持、床擦れ予防のための位置転換、マッサージ等）などが含まれる。これらのうち、過剰な延命措置として明らかに中止の対象となりうるのは①と②のみであって、尊厳死を肯定するとしても、④⑤⑥については継続されるべきだということになる。水分や栄養の補給を中止することは、一般的には死期を早めることに結びつくのであり、消極的安楽死に該当する可能性がある。

ただ、同じ措置が過剰延命といわれる場合とそうでない場合があり、それを行為者の意図・目的という観点からのみ区別しようとするのは、きわめて困難だとの指摘もある。意図・目的は事後にいかようにも言い繕《つくろ》えるだろうからだ。不当な生命の短縮（消極的安楽死）か、過剰な延命の中止（尊厳死）なのかは、状況を総合的に勘案して判断する必要がある。また、担当医の独断ではなく、様々な分野の専門家からなるチーム・アプローチが求められよう。

2　安楽死の倫理と法

以上の概念整理をもとにして、安楽死と尊厳死の是非について考えてみよう。

一　安楽死の論点

すでにみたように、強制的安楽死については異論の余地なく否定されており、間接的安楽死についてはこれまた異論の余地なく肯定されている。そこで議論が対立するのは、積極的安楽死と（本書の分類に基づいた意味での）消極的安楽死ということになる。以下、この二つを端的な意味での「安楽死」と呼ぶことにし、その肯定論と否定論の論拠をまとめておこう。

［1］　安楽死肯定論

安楽死の肯定論には様々な倫理的論拠があるが、特に有力なものとして次の二つがある。

①　自己決定論　　自由社会において認められている自己決定論の中には「死ぬ権利」も含まれると理解した場合、あるいは生命の短縮や断絶による死苦からの解放も患者の選択しうる医療行為の一つだと理解した場合、安楽死は自己決定権の一表現として認められることになる。のち

にみるように、欧米で安楽死を認めるべきだというときの論拠は一般に、この自己決定論である。

②　人間的同情論　　安楽死は死の苦しみにある者を楽にしてあげたいという人間的同情から出た行為であるから人道にかなっている、あるいは、少なくとも単なる殺人や嘱託殺人とは倫理的に異なった評価がなされるべきだとする。かつて日本では、この人間的同情論が安楽死肯定論の最も有力な論拠とされていた。

これらの倫理的論拠に基づいて、法的には、安楽死を違法性阻却事由、あるいは少なくとも責任阻却事由と考える余地が開かれる。

［2］安楽死否定論

しかし、安楽死を否定する人々は右のような論拠を認めず、次のように主張する。

①　自己決定権は死ぬ権利を含まない　　自由社会には、自己決定権を超える倫理原則・法原則として「生命の尊重」がある。自殺や安楽死などの死ぬ権利は生命の尊重という原則によって制約されており、自己決定権の範囲には含まれていないと考えるのである。

そして、多くの患者は終末期に至ると病状にかなりの波があり、苦痛に襲われている時は激しく死を求めるが、苦痛の波が去ると再び生への執着をみせることが多い。この場合、苦痛時にみせる死の希求は、端的な意味での死の希求ではなく、むしろ「苦痛がいかに深刻であるかをわかってもらいたい」という感情の表現とみるべきだ、とも主張される。

②　傍《はた》からの同情は弱者への抑圧につながる　　どれほど同情や憐みを起こさせるような状態

だったとしても、それは「傍から見ていて気の毒だ」という同情論でしかない。このような「傍からの同情」は、常に社会的弱者の抹殺につながる危険がある。本人の同意があればこの危険はないだろうというが、実際には、看護する家族や周囲の人にこれ以上迷惑をかけたくないとか、家族の重荷になりたくないといった気兼ねから安楽死を依頼する場合が少なくない。それを考えれば、安易な同情は、やはり社会的弱者を切り捨てる結果になるだろう、というのである。

これらの倫理的論拠に基づく場合、法的に安楽死を容認することは、社会的強者にとっては「安楽死の選択権」であっても、社会的弱者にとっては「安楽死の勧め」として機能するおそれがある。単なる殺人や嘱託殺人とはワケが違うというのなら、行為者に対する量刑の点で考慮すればよいのであって、あえて不可罰にまでしなければならない理由はない、というのである。

［3］人間の尊厳と安楽死の現実

自己決定権に関していうならば、この権利は、安楽死否定論の主張するように、生命の尊重という原則を超えるものではなく、自己決定権の一環として死ぬ権利という権利を想定することは不可能とすべきだろう。各人に死ぬ権利が認められているとすれば、この地球上で自分の生命だけは「生命の尊重」の原則の例外だと考えなければならないが、これには合理的な根拠がないからである。

しかしながら、ここでいう「生命」を生物学的な意味でのみ捉えるならば、その尊重を絶対視することも正しいとはいえない。私たちは単に生命が維持されていればよいのではなく、それが人間たるにふさわしい状態に保たれていなければならない、つまりは尊厳ある生でなければならないと考えるのではないだろうか。そこで、人間の尊厳こそが至高の原理であり、生命の尊重よりも人間の尊厳の保持の方が優先される場合がありうるという帰結が、少なくとも論理的には導き出せる。

もっとも、疼痛緩和医療の発達の結果、こんにちでは、たとえばガン性疼痛のほとんどは制御可能になっているという。少なくとも、これまで安楽死問題の典型だったような、肉体的苦痛に起因する、人間の尊厳を著しく損なうような極限状況を想定することは現実的ではなくなっているのも事実である。

二　日本の安楽死裁判

次に、裁判所の判例を通して安楽死をみてみよう。

［1］名古屋高裁判決（いわゆる山内事件判決）

安楽死が問題となった裁判は、わが国においても、戦後間《ま》もなくの一九五〇年四月一四日東京地裁判決をはじめ、いくつか見ることができる。そのなかで特に重要なのは名古屋高裁判決（一九六二年一二月二二日）だろう。この判決は安楽死容認の要件を列挙し、違法性阻却に道を開いたリーディング・ケースである。

これは、激痛を訴える父親に殺虫剤を混入した牛乳を、事情を知らない母親を介して飲ませて死亡させた息子が尊属殺人罪（九五年に刑法典より削除）で起訴され、地裁で有罪判決を受けた事件の控訴に対する判決だ。

本件に関し、名古屋高裁は、安楽死事例であるとの弁護側主張を退け、嘱託殺人罪として懲役一年、執行猶予三年の判決を下した。裁判所は、以下のような六つの要件を充たした場合には、安楽死は容認され、嘱託殺人罪に問われないと判示した。

① 不治の病に冒され、死が目前に迫っていること
② 病者の苦痛がはなはだしく、見るに忍びない程度であること
③ もっぱら病者の死苦の緩和の目的でなされたこと
④ 病者が意思表明できる場合は、本人の真摯な嘱託または承諾のあること
⑤ 医師の手によることを本則とし、医師以外による場合は首肯するに足る特別な事情があること
⑥ その方法が倫理的に妥当なものであること

しかし本件の場合は、⑤⑥の要件を欠いているので、違法性を阻却しえないとしたのである。

［2］横浜地裁判決（いわゆる東海大学事件判決）

東海大学医学部助手で大学病院の医師であった被告人が、一九九一年四月、家族の要請に基づき、多発性骨髄腫で入院していた末期状態の患者（五八歳）の治療行為を中止し、さらに塩化カリウム等を注射して死亡させた事件に対する判決である。横浜地裁は、九五年三月二八日、殺人

罪として懲役二年、執行猶予二年の判決を言い渡した。この事件は、医師が積極的に死をもたらしたことが明らかにされた、わが国で初めてのケースである。裁判所は判決の中で安楽死に言及し、次のような安楽死容認の要件をあげた。

① 患者が耐え難い肉体的苦痛に苦しんでいること
② 患者の死が避けられず、その死期が迫っていること
③ 医師により患者の肉体的苦痛を除去・緩和するための方法が尽くされており、他に代替手段がないこと
④ 生命の短縮を承諾する患者の明示の意思表示があること

以上の四要件だ。名古屋高裁の認容要件から変更、あるいは明確化された点として評価しうるのは、苦痛を肉体的苦痛に明確に限定していること、積極的安楽死を認めるためには患者の推定的意思では足りず、明示的意思が必要だとしていること（間接的安楽死については推定的意思でよいとしている）、そして「他に代替的手段がないこと」も条件として列挙していることだろう。現代の疼痛緩和医療の発達からすれば、「他に代替手段がない」というのはよほどのレア・ケースに限定されるだろう。名古屋高裁判決で要件としてあげられていた「原則として医師の手によること」や「倫理的に妥当な方法であること」については、安楽死が問題となりうるケースは、医師が妥当な方法で行った場合しかありえないから、自明の前提として、あえて要件にあげるまでもないとしている。

裁判所は、本件の場合、患者の明示的意思表示が存在せず、また、患者は意識不明だったのだから肉体的苦痛もなかったとして安楽死の成立を否定した。致死行為となった塩化カリウム等の注射は（本人の嘱託がないので）嘱託殺人ですらなく、単なる殺人行為と解されたのである。

なお、この判決は、治療行為の中止、いわゆる尊厳死の要件についても触れている点で画期的といえるが（ただし、被告人と患者との意思疎通が十分ではなく、患者の意思を推定するに足りないとして尊厳死の成立も否定している）、これについては次節で論じる。

このほか、わが国の安楽死に関連する事件としては、「京都・京北病院事件」（九六年）、「川崎協同病院事件」（九八年）などがある。いずれも四要件を充たすことなく、筋弛緩剤による積極的安楽死が疑われた。前者については、投与と死亡の因果関係の立証が困難であるため不起訴処分となったが、後者については、第一審横浜地裁（〇五年）が懲役三年、執行猶予五年、控訴審東京高裁（〇六年）が懲役一年六月、執行猶予三年の有罪判決を下し、最高裁が上告を棄却して有罪が確定している（〇九年）。このように、最近の安楽死事件は、病院において、終末期医療の中で起こることが多く、安楽死の是非を論じる際には、尊厳死との連続性と相違点をしっかりと見据えておく必要があるだろう。

他方、先に触れたように依然として介護殺人事件が後を絶たない。さらに情報社会化に伴いインターネット、ＳＮＳを用いての自殺幇助を名目にした殺人事件が生じてきている。二〇一九年にはＳＮＳを介して知り合った面識なき医師二人によるＡＬＳ患者嘱託殺人事件が起こり、医師は起訴されている。これらの現実は、安楽死の四要件だけでなく、その前提として考えるべき社会全体の課題があることも示しているといえよう。

三　安楽死に関する立法

外国においても、似たような事件が裁判で問題になっている。たとえば、イギリスのナイジェル・コックス医師事件（積極的安楽死）、ドイツのヴィティヒ医師事件（消極的安楽死に相当する自殺不救助）などだ。そしてまた、医師が患者の自殺を援助するケースもある（ドイツのハッケタール教授事件、アメリカのトランブル医師事件、自殺装置をつくったキボキアン元医師事件など）。

このように、多くの争いが法廷に持ち込まれてくるに伴い、安楽死合法化に向けた立法の動きもみられるようになってきた。

［1］アメリカ・オレゴン州「尊厳死法」

世界で最初の安楽死法案が住民投票にかけられたのはアメリカだった。ワシントン州では一九九一年に、カリフォルニア州では九二年に、積極的安楽死合法化法案への投票がなされたが、いずれもわずかの差で否決された。これに対し、オレゴン州では、九四年一一月八日の住民投票で「メジャー16」と称される法案が可決された。ただしここでも、賛成五一％、反対四九％という僅差だった。この法案によれば、①余命半年以内と診断された一八歳以上の末期患者で、②一五日間の猶予のもと、別の医師の病状確認を受け、③二人の証人の前で意思を書面化し、④四八時間後もなお意思が変わっていないことが確認された場合、医師は患者に自殺薬を処方できるというものである。「尊厳死法」(Death with Dignity Act) という名称を持つが、その内容は安楽死法である。あるいはより厳密には、自殺幇助容認法というべきかもしれない。自殺薬を飲むのはあくまで患者自身であり、医師が直接手を下すことは許されていないからである。

本法はその後、連邦地裁の違憲審査に付されるなどしたが、住民の明確な判断を確認する必要があるとして、九七年一一月再投票にかけられた。その結果、今度は大差で本法の存続が支持され、ようやく施行されることとなった。翌年三月には、本法第一号の患者が睡眠薬を服用して自殺している。連邦政府の介入はその後も続いたが、二〇〇六年一月、連邦最高裁は、司法省が関係医師を処罰する権限はないとして、オレゴン州政府を支持している。

なお、アメリカ二番目の州としてワシントン州でも同様の安楽死法が成立し、〇九年三月に施行された。その後、モンタナ州、バーモント州、ニューメキシコ州、そして一五年一〇月にはカリフォルニア州でも安楽死法が成立するに至っている。それには、同州在住の末期ガン患者がオレゴン州に転居して同州の法に基づき命を絶ったことが大きく影響したといわれている。さらにコロラド州、コロンビア特別区、ハワイ州、ニュージャジー州、メイン州と、自殺幇助を容認する州が増加しているのが現状である。

[2] オランダ「要請に基づく生命の終焉並びに自殺幇助法」と欧州での展開

オランダでは、二〇〇一年四月、医師による安楽死を合法化する法律「要請に基づく生命の終焉並びに自殺幇助法」（以下、生命の終焉法）が成立し、翌年一月より施行されている。国レベルでは世界で最初の安楽死合法国となった。本法は、患者の自発的で十分に考慮された要請に基づく安楽死・自殺幇助を合法化するものだが、ほかにもいくつかの条件を付している。主なものは、①苦痛は持続的で耐えられない程度のものであること、②患者が自分のおかれている状況について十分な説明を受けていること、③ほかに合理的な解決法がないと患者が確信していること、④他の医師に意見を求めていること、などだ。これらの条件を「相当なる注意」（due care）と呼ぶ。安楽死の届出があった場合、事例は「地域審査委員会」（regional review committee）に送付され、ここで「相当なる注意」が払われたかどうかが審査される仕組みになっている。

オランダが本法にたどり着くまでには長い歴史的経過があった。オランダの安楽死の動向を決定づけたのは、一九七一年の「ポストマ事件」だといわれている。ポストマ医師が脳溢血の後遺症で苦しむ母を安楽死させた事例について、裁判所は有罪としつつも、「懲役一週間、執行猶予一年」という限りなく無罪に近い判決を下したのだった（七三年）。その後、八四年一一月の「スホーンヘイム事件」最高裁判決では、当該事例の安楽死を不可抗力と認定し、ハーグ高裁に差し戻し、高裁は無罪とするに至っている（医師は患者の救命義務と苦痛除去義務との板挟みだったので、後者を選んだことは不可抗力だったという論法だ）。

こうした判例の蓄積を踏まえて九三年二月、ついに世界で初めて積極的安楽死を不可罰とする法改正が下院を通過し、同年一一月、上院で三七対三四の小差で可決、成立するに至った。ただし、この時のものは安楽死法の新たな立法ではなく、「遺体埋葬法」の一部改正にすぎない。つまり、安楽死はあくまで犯罪だが、条件を充たしていれば起訴されないので、結果的に不可罰になるというものだった。

これに対し、二〇〇一年の「生命の終焉法」は、新たな立法によって安楽死・自殺幇助を正面から合法化したものである。ポストマ事件からちょうど三〇年目の立法だ。オレゴン州をはじめとするアメリカとの重要な違いは、医師が患者に対して直接、致死薬を投与できるという点である。医師が患者に睡眠薬を投与し、そのあとで筋弛緩剤を注射するというのが一般的だという。このほかにも本法の特徴として重要なのは、①条件付きではあるが、未成年者の安楽死を認めていること（親権者または後見人の関与や同意が必要）、②意思表示が不能になる前の「事前の指示」を認めていること、③「患者が末期状態にある」という条件がないこと、④患者の苦痛には肉体的苦痛だけでなく精神的苦痛も含まれると解されていること、などだろう（④の解釈を決定づけたのは、強い精神的苦痛を理由とする医師の自殺幇助を不可罰とした、九四年のシャボット事件最高裁判決である。ただし最高裁は、〇二年、深刻な状態にはないにもかかわらず、「生きることに疲れた」との理由でなされた患者からの安楽死の要請に応じた医師に対しては、有罪判決を下している）。

オランダにおいてこのような法が成立した背景には、判例の蓄積があったばかりではなく、事実として医師による安楽死が多数行われていたこと、また、国民もこれを是認する傾向にあったことがあげられよう。オランダの「生命の終焉法」は、このような実態を追認するとともに、乱用を防ぐための枠組みを与えたという性格が強いのである。

なお、二〇〇二年五月、オランダの隣国ベルギーで、オランダとほぼ同様の安楽死法が成立した。オランダとの違いはまず、容認の要件である「患者の耐え難い苦痛」には肉体的苦痛だけでなく精神的苦痛も明示的に含まれること、自殺幇助を認めないことなどがあげられる。なお、当初は安楽死の選択権を成人に限定していたが、一三年にはこの制限を廃止し、一六年九月、末期状態の未成年者に対して安楽死が施された。未成年者に合法的安楽死が施された世界初の事例とされている。さらに、〇九年三月には、同じく隣国のルクセンブルクでも安楽死法が成立した。

スイスでは立法によらず、刑法（「利己的な動機から」の自殺幇助の禁止）の反対解釈により自殺幇助が合法化されており、民間団体により行われている。外国人にも開かれていて、実際に日本から渡航した例も報道番組などで取り上げられている（二〇一九年六月二日NHKスペシャル「彼女は安楽死を選んだ」。宮下洋一『安楽死を遂げた日本人』小学館文庫、二〇二一年）。

ヨーロッパではさらに二〇二一年にスペインで合法化をみたところである。

［3］オランダにおける安楽死の法理と倫理

それにしても、なぜオランダやその隣国は安楽死に積極的なのだろうか。よくあげられる理由の一つは、ホームドクター制度の発達がある。各人がかかりつけの「家庭医」（Huisdoktor）を持つことが法的に義務づけられており、原則として、家庭医を経由しなければ病院の専門医の診察を受けることができない。風邪でいきなり病院に行くことのできる日本とはシステムが異なる。しかしその分、家庭医は患者の過去の病歴から個人的な性格に至るまで熟知しており、両者の間にはパーソナルな信頼関係が形成されているのである。患者は、初期段階には家庭医の診察・治療を受け、重篤になれば大病院で治療を受け、末期段階に入ると再び信頼する家庭医のもとに戻ってくる。医師と患者との間にこのような信頼関係が築かれていることが、安楽死の選択を容易にしているというのである。

しかし、より根本的な理由は、個人の自律（Autonomy）を何よりも尊重し、安楽死を自己決定権の一環として位置づける倫理観にあるだろう。自律した生活が営めないという精神的苦痛はまさに死に値するものであり、そのような状態にある患者は死なせてあげることこそが本人の尊厳を守る道だ、と彼らは考えているようだ。それはアメリカをはじめ他の安楽死合法化国にも共通しよう。同じく安楽死を判例によって容認しているとはいえ、安楽死を「見るに見かねた肉親などによる同情的行為」として位置づける日本的感性との間には大きな隔たりがあるといわなければならない。

もっとも、先にも述べたように、たとえ安楽死を容認するとしても、死ぬ権利の容認にまで至るのは行きすぎだろう。安楽死が正当化されるのは、きわめて限定的な極限状況であるべきだし、そもそも個人の主観的判断に委ねられるべきものではない。肉体的に極限状況にないのであれば、単に精神的苦痛から解放される方法として安楽死を選択することは許されるべきではないだろう。

精神的苦痛からの解放は、延命措置をいつ、どのように中止するかという、尊厳死問題として対応すべき事柄といえる。

カナダやオーストラリアでも自殺幇助・安楽死が合法化され、世界的に条件緩和の流れが広がりつつある。オランダでは認知症が進行した場合の安楽死の事前要請も認めるに至り、実行時に患者が抵抗をみせたケースについても、最高裁は二〇二〇年四月、書面による事前指示がある場合には医師は訴追されないと判示した。自律のみが最優先に尊重されるべきなのか、人間の生命の尊重、人格の尊重とはどういうことなのか。私たちはこの根源的な問いに答えることが迫られている状況にある。

3 尊厳死の倫理と法

一 尊厳死の論点

[1] 尊厳死は認められるか

概念整理で述べたように、尊厳死とは、現代の延命医療技術がもたらした過剰延命を拒否し、尊厳なき状態からの解放手段として選択される死である。それは死期の無用な引き延ばしを拒否する行為であるから、安楽死よりもはるかに許容しやすいものだといえよう。概して、尊厳死が許容されうることについては、あまり争いがない。安楽死を否認するカトリック教会も、諸要素との比較衡量に基づき、均衡を欠いていると考えられる過剰な手段（media extraordinaria）は差し止め・中止できるとして、尊厳死を肯定している（一九八〇年「安楽死に関する声明 "jura et bona"」が代表的である）。

したがって、尊厳死は法的にも認められる可能性が高い。尊厳死における延命の中止は「死期の引き延ばしをやめること」であって「死期を早めること」ではなく、殺人行為とはいいがたいからである。むしろ、医師は臨終状態にあってもなお過剰延命を行うような義務を法的にも倫理的にも負っていない。それどころか、過剰な度合いが著しい場合には、（患者の事前の要請がない限り）道義上行うべきではないとさえいうことができよう。

［2］対象と範囲

尊厳死の対象となりうる患者として、前述の日本学術会議報告では、「ガンなどの激痛に苦しむ末期の患者」とともに、「回復の見込みがなく死期が迫っている植物状態の患者」が例示されている。たしかに、尊厳死の対象となりうる患者は、一般的には、不可逆的段階に入った末期状態の患者であるといえるが、植物状態患者の場合、必ずしも死期の切迫した末期状態に入っていなくても尊厳死の許容されうるケースがあると考えるべきだろう。ただし、水分や栄養の補給までをも中止して死に至らしめる場合、尊厳死ではなく、消極的安楽死の問題になると解される可能性がある。

また、感覚や知覚がありながら自発呼吸ができない状態のＡＬＳ（筋萎縮性側索硬化症：運動神経が冒されて次第に筋肉が萎縮し、発症後数年すると寝たきりになり、呼吸もできなくなる）患者などは、人工呼吸器の介助なしには生きられないが、ある程度の意思疎通が可能である。このような状態を過剰延命とみるべきか否かについては、次に述べるような慎重な判断が求められよう。

［3］過剰な延命とは

延命はどこまでが通常で、どこからが過剰なのかということは簡単な問題ではない。アメリカで起きた「カレン事件」（後述）において、州最高裁は「人工呼吸器の使用それ自体は、通常（ordinary）でも過剰（extraordinary）でもない。ただ、不可逆的に死の過程に突入しており、かつ何人も望まない状況で使用される人工呼吸器は過剰である」と判示した。何が過剰な延命かは、用いられる装置の水準によるのではなく、患者の容体が深刻で不可逆な段階か否か、さらには、患者や家族がそのような延命を望むかどうかなどのケース・バイ・ケースの状況に依存している。その意味では、相対的な概念だといわなければならない。延命治療の中止については、患者の希望と尊厳の保持とを最優先に考慮しつつ、あらゆる可能性に配慮した慎重な決断が求められる。ことに患者の容体が可逆的か否か、（死期の切迫といえない場合でも）どの程度深刻な状態かの判定については、その時々の医療水準によってばかりでなく、医師の臨床経験などによっても変化しうるものだから、セカンド・オピニオン・システム（担当医以外の医師の意見を求める制度）や、家族、看護師、カウンセラー、さらには宗教者の意見なども反映するチーム医療のシステムを持つことが望ましい。

［4］本人の意思とリヴィング・ウィル

安楽死において、本人の自発的同意が必要不可欠であることについてはすでに述べた。尊厳死においても、一般論としては、患者本人の同意が必要だといえる。客観的にみて過剰な延命であるとしても、なお患者には人工的な延命を継続するか否かの選択権があると考えられるからだ。

しかし、正常な意識状態を失っていたり、植物状態患者のように意識それ自体を喪失している場合は、医療行為取りやめの判断時点において、患者の意思を確認するすべがない。そこで、文書の形式をもって事前に医療行為に関する意思を表明しておいたらどうかという考えが出てきた。いわゆる「リヴィング・ウィル」（Living Will）というものだ。

もっとも、わが国においては、たとえ事前にリヴィング・ウィルを作成していたとしても、これに特別な法的効果はなく、明らかに治療義務の範囲を超えた過剰延命の中止ならばともかく、過剰とはいいきれない医療行為の中止がなされた場合、現行法上、殺人罪に問われる可能性がある。医療行為中止時点の患者の意思ではなく、リヴィング・ウィルを患者の意思とみなすのは、ある種のフィクションだからである。したがってまず、リヴィング・ウィルを法制化し、その法的効果を明示する必要があるだろう。アメリカではすでにリヴィング・ウィルの書式と法的効果が法制化されている。

［5］意思の推定・代諾

しかし、リヴィング・ウィルを法制化したとしても、これを残さずに意思表明の不能な状態に

図５－１　日本尊厳死協会のリヴィング・ウィル

尊厳死の宣言書

（リビングウィル　Living Will）

私は私の病気が不治であり、且つ死が迫っている場合に備えて、私の家族、縁者ならびに私の医療に携わっている方々に次の要望を宣言いたします。

なおこの宣言書は、私の精神が健全な状態にある時に書いたものであります。

従って私の精神が健全な状態にある時に私自身が破棄するか、又は撤回する旨の文書を作成しない限り有効であります。

① 私の病気が、現在の医学では不治の状態であり、既に死期が迫っていると診断された場合には徒に死期を引き延ばすための延命措置は一切おことわりいたします。

② 但し、この場合、私の苦痛を和らげる処置は最大限に実施して下さい。そのため、たとえば、麻薬などの副作用で死ぬ時期が早まったとしても、一向にかまいません。

③ 私が数ヶ月以上に渉って、いわゆる植物状態に陥った時は、一切の生命維持措置をとりやめて下さい。

以上、私の宣言による要望を忠実に果たして下さった方々に深く感謝申し上げるとともに、その方々が私の要望に従って下さった行為一切の責任は私自身にあることを附記いたします。

年　　月　　日

氏　名《ふりがな》　　　　　　　　　　　　　　　㊞

自　署

年　　月　　日生

「尊厳死の宣言書」の登録について

この書類は一通つくって協会に送る。協会は登録番号を附して、其の一通を保管し、コピーの二通を返送する。一通は本人が所持し、一通は最近親者（配偶者、親、子、後見人）が所持する。尊厳死の宣言書は、必要が生じたときに医師に提示して下さい。

万一主治医が理解されない場合は、あなたの会員登録番号と主治医の住所氏名をお知らせ下さい。当協会から主治医に御理解をお願いします。

陥ってしまったらどうするかという問題が残る。現にアメリカでも、事前にリヴィング・ウィルを作成している患者はさほど多くはないという。また、患者がリヴィング・ウィル作成時には予測しがたいような事態に陥り、文書の具体的内容が直面する事態と合致しなくなるということもありうるだろう。さらには、障害などのために、そもそも文書を作成できない患者はどうするのか、という問題もある。そこで、本人の文書化された明確な意思表示がなくても、家族などが患者の意思を推定し、患者に代行して判断することにしたらどうかという考えが出てくる。

これに対しては、意思の推定・代諾はそもそも自己決定権の趣旨に反する、結局は本人以外の者の考えを正当化するためのフィクションにすぎないのではないか、また、このようなフィクションを安易に認めてしまうと「見るに忍びないから死なせてあげる」という、体《てい》のよい生命剥奪に道を開く危険があるのではないか、といった批判がある。たしかに安楽死に関しては、このような意思の推定を認めることは「滑りやすい斜面」のクサビを抜くことになるだろう。しかし、過剰延命の中止については、現実的対処として、意思の推定を認めざるをえない事態が存在する。むろん意思の推定を行うためには、家族の都合や場の雰囲気ではなく、本人の発言や価値観・人生観などを総合的に勘案した、慎重な判断が求められることはいうまでもない。そのためには、後で述べるAdvance Care Planning（ＡＣＰ）のような、本人の意向を中心におきながら、家族や医療・ケアチームと事前に繰り返し時間をかけた話し合いが、意思の推定・代諾の前提として、そしてリヴィング・ウィルの前提としても不可欠ではないだろうか。

二　尊厳死をめぐる裁判

［1］カレン事件

尊厳死問題に大きな関心を集めた代表的な事例としてカレン事件がある。一九七五年四月一五日夜、友人の誕生パーティーで呼吸停止に陥ったカレン・アン・クインラン（当時二一歳。本章扉写真参照）は、救急車で病院に搬送され、持続的な植物状態にあると診断された。

当初、家族は回復を信じて看病に徹していたが、次第に絶望的になり、熱心なカトリック信者であった父親は司祭に相談した。司祭がカトリックの教義では過剰延命の中止は安楽死にあたらないと教示したことから、父親はカレンの人工呼吸器を取り外そうと決心し、病院に措置の打ち切りを認めさせるよう裁判所に訴えた。しかし、州高裁（ニュージャージー州は二審制なので、高裁が第一審）は、原告の主張を退けた。

七六年三月、上訴を受けた州最高裁は原審の判決を覆し、回復不可能性の判断は病院側に委ねられるべきだが、その判断は担当医だけでなく、病院の倫理委員会の同意も必要であること、その際、回復不可能性の判断は絶対的である必要はなく、「合理的な」（reasonable）不可能性であれば足りること、さらに、回復不可能な肉体をただ単に維持することができるだけの過剰な延命装置の中止を決定する権利はプライバシー権であり、本人の意思に反して人工呼吸器におかれることは許されないと判示した。そして、もし担当医が人工呼吸器の取り外しに同意しない場合は、父親が身上後見人として担当医の選択をすることができるとした。

本件のもう一つの争点は、カレン自身による直接の意思表示が欠如していたことだが、最高裁は、本件のような特異な状態においては、カレンのプライバシー権は彼女の後見人によって代行されうるとし、意思の推定による代諾を認めた。

この最高裁判決ののち、カレンは人工呼吸器を外された。ところが、取り外しにより死に至ると予想されていたカレンは、奇跡的に自発呼吸を再開したのだった。カレンは別の養護施設に移されて、意識不明のままその後も生き続け、死亡したのは実に九年後のことだった（八五年六月、肺炎で死亡）。

［2］ナンシー・クルーザン事件

カレン事件ののち、アメリカでは生命維持装置の取り外しに関する訴訟がいくつも提起されたが、なかでも特に注目すべきものは「ナンシー・クルーザン事件」だろう。

ナンシー（当時二五歳）は、一九八三年一月一一日の夜、交通事故により脳挫傷と酸欠状態のために回復不可能な脳障害となり、不可逆的植物状態に陥った。しかし、自律神経に関する脳の中枢機能はなお働いており、自力で呼吸することができたため、彼女は人工呼吸器をつける必要はなかった。そして、栄養補給などの措置がなされる限り、その後三〇年以上生き続けるだろうと予測されていた。しかし、ナンシーの手や指がねじ曲がっているのを見、また、泣きも笑いもせず、認識能力を回復する見込みはまったくないという医師の判断を聞き、両親は娘がこのような状態で生き続けることを望まないであろうと確信して、水分と栄養の人工的な補給を終了させる許可を求めて訴えを提起したのである。

これについて連邦最高裁は、全員一致で、①水分や栄養補給も含む生命維持装置の取り外しは合衆国憲法で保障されたプライバシー権に含まれる、という歴史的な判断を示すとともに、②そのためには、本人の意思が明確に（たとえばリヴィング・ウィルなどで）確認されていなければならないとするミズーリ州の制限的な枠づけも憲法の許容範囲であるとした。結論として、③本件の場合には、ナンシーの意思が明確になっていないとして、五対四の僅差で水分や栄養補給装置の取り外しを否定したのである。

ところがその後、彼女の元同僚の新証言（「植物状態になったら生きていたくない」という証言）が現れ、ジャスパー郡遺言検認裁判所で再度審理された結果、九〇年一二月、同裁判所は水分・栄養補給装置の取り外しを許可する決定を下した。決定から一二日後、ナンシーは死亡した。

結局、この連邦最高裁の議論においては、憲法上、水分・栄養補給なども含む、すべての延命措置の拒否権が不可逆的な植物状態患者には当然に存することが前提とされた。しかし、本章の概念整理からすれば、この連邦最高裁の判決は、尊厳死というよりも消極的安楽死の選択権を認める判決と理解すべきだろう。なお、この判決が契機となって、連邦の「患者の自己決定権法」（九〇年）が制定されることとなった。

さらに、近年起きた事件としては、本人の意思をめぐって家族同士が真っ向から対立し、栄養チューブの着脱が繰り返されたテリ・シャイボ事件（〇五年三月に本人死亡）などが起こっている。

〔3〕日本における裁判

わが国で最初に治療行為の中止が許される要件を提示した判決として注目されるのは、先にあげた東海大学事件判決である。そこでは、以下の三要件があげられている。

① 患者が治療不可能な病気に冒され、回復の見込みもなく死が避けられない末期状態にあること。

② 治療行為の中止を求める患者の意思表示が、治療の中止を行う時点で存在すること。ただし、明確な意思表示が存在しない時は、推定的意思でも許される（事前の文書ないし口頭による意思表示、家族による推定）。

③ 治療行為の中止の対象となる措置には、薬物投与、化学療法、人工透析、人工呼吸器、輸血、水分・栄養補給など、疾病を治療するための治療措置、および対症療法である治療措置、さらには生命維持のための治療措置などすべてが含まれること。どのような措置を、いつ中止するかは、死期の切迫の程度、当該措置の中止による死期への影響の程度等を考慮して決定される。

前項で述べたように、過剰延命の拒否は末期状態でなければならない理由はないだろう。末期とはいえないが、不可逆の植物状態が果てしなく引き延ばされる、などのケースが存在する。このような「延命のための延命」はすでに過剰な延命というべきである。また、要件③は末期状態における医療を一括して論じているが、水分や栄養補給など生命維持のための基本的措置の中止は自然な死を迎えさせることとは必ずしもいえない。生命維持の措置はそれぞれ異なったレベルで患者の生命を支えているのであり、各措置が患者にとって持つ意味の、深い検討なしに同列に位置づけることは、患者に対する尊厳ある扱いとはいいがたい。判決でも「死に結びつくような行為ならば、まさに死が迫った段階に至ってはじめて中止が許されるといえよう」と述べられてはいるが、安易な生命終結への道をなし崩し的に開かないためにも、この点はさらに慎重な議論が必要だ。

しかし、いずれにせよ、この三要件は、最近頻発している人工呼吸器の取り外し事件において、法的判断の枠組みとして機能しているとともに、わが国の末期医療の問題点を浮かび上がらせる役割をも果たしている。たとえば、二〇〇四年の北海道立羽幌病院事件、二〇〇〇年から〇五年にかけての射水市民病院事件など（いずれも書類送検されたが、起訴には至っていない）から浮かび上がった問題点として、①患者が末期状態にあるか否かの判断や、治療行為中止の死期への影響などの判断が慎重に行われていないこと、②チームでのチェック体制が確立していないこと、③治療中止に関する患者の意思確認が十分に行われていないこと、④家族の意思確認が患者の意思の推定のためになされるという認識がないこと、⑤家族の単純な同意ですら十分にとれているか疑わしいこと、などがあげられる。

三　尊厳死に関する立法

［1］アメリカの自然死法

一九七六年八月、カリフォルニア州で「自然死法」（Natural Death Act）と呼ばれる法律が制定されて以来、アメリカでは現在、すべての州で類似の立法がなされている。内容は州によって異なるが、基本的には、生命維持措置の差し控え・中止の要件と効果を定めたものであり、いわば尊厳死法である。

差し控え・中止が認められるケースは、大部分の州法において、患者が「末期状態に陥った場合」とされる。この場合、厳密にいえば、回復の可能性のある植物状態患者はもとより、回復可能性はないが末期状態とはいえない、長期に継続する植物状態患者なども尊厳死の対象から外されることになろう。もっとも最近では、末期状態を「生命維持治療が実施されなければ短期間に死が生じる状態」であるとしたり、末期状態に加えて不可逆的植物状態を対象とすることを明記する法も増えてきている。

差し控え・中止の対象となるのは、生命維持に関わる人為的措置である。当初は、患者の基本的ケア（水分・栄養補給もその一部と解される）や苦痛緩和措置は差し控え・中止の対象外とする法も多かったが、現在は、水分・栄養補給も医療行為と解し、差し控え・中止を認めるのが一般的となりつつある。これは、本人の意思が明らかであれば植物状態患者の水分・栄養補給中止を容認するというアメリカ神経学会の見解（八八年）や前述のナンシー・クルーザン事件連邦最高裁判決（九〇年）の影響が大きい。

差し控え・中止は、いわゆるリヴィング・ウィルを必要とするのが原則である。リヴィング・ウィルは、一八歳以上の成人が生命維持装置の取り外しを承認し署名した宣言書だが、血縁や遺産相続上、あるいは治療上利害関係のない二名の証人の署名も要求されるのがほとんどだ。いずれにせよ、文書による宣言を条件とするのが基本だが、口頭での指示、さらに家族などによる代行判断、代理決定者の指定なども認められている。

医療におけるインフォームド・コンセントの流れは、こんにち、「これこれの状態になったら、このようにしてほしい」という医療内容を事前に指定しておく「事前指示」（Advance Directive）を含むようになりつつある。自然死法はこのような傾向の現れとして理解できるだろう。しかしながら、留意する必要があるのは、アメリカで安楽死や尊厳死が問題となる背景には、高額な医療費という特殊な事情があることだ。延命治療により家族は法外な医療費を負担することになる可能性があるからである。安楽死や尊厳死の考え方によって早期の死をもたらすことで、家族への極端な経済的負担を回避しようとする側面もあるかもしれない。これは、アメリカの脳死による臓器提供においても、隠れた動機づけになっている可能性がある。

なお、フランスでも、アンベール事件（肢体麻痺で寝たきりのヴァンサン・アンベールが死ぬ権利を要求する手紙をシラク大統領〔当時〕に送付したのち、母による自殺幇助を受けて死亡した事件）などを契機として、二〇〇五年、尊厳死法が成立した。

［2］日本の現状とこれから

わが国では、尊厳死に関する法はいまだ存在していない。最近、安楽死・尊厳死に関わる事例が頻発するなかで、ようやく厚生労働省は二〇〇七年五月に「終末期医療の決定プロセスに関するガイドライン」を提示し、日本救急医学会や全日本病院協会、日本医師会生命倫理懇談会も、

コラム

日本人のポックリ信仰

生きている間は「ピンピン」と働き、死ぬ時は苦しまずに「コロリ」と死にたいと望む日本人は意外に多い。一見、延命治療を嫌う現代人の発想のようにみえるが、実は、日本には古くから「長患い」をせず、特に「下《しも》の世話」にならずにポックリと死にたい、あるいは死なせてあげたいという安楽死願望の民俗があったようだ（以下、木村博『死―仏教と民俗』による）。

コロリと死なせてくれるという「コロリ観音」や「コロリ地蔵」、あるいは「ポックリ往生寺」「ポックリさん」といった民間信仰が日本各地にみられるという。いわば、神仏によって安楽死させてもらおうということだろう。この「神頼み」を「医師への嘱託」に置き換えれば、そのまま安楽死になる。

日本において、生のターミナル・ステージ（末期段階）への評価が低く、かえって安楽死に対して寛容な態度がみられるのは、このような伝統的な民俗や信仰に由来しているのかもしれない。

事実上の安楽死をさせたり、願ったりする風習もある。瀕死の病人の上半身をわざと起こして窒息させる「オコシ」の習俗、なかなか息を引き取れない病人に水を飲ませて窒息させる「死水」の習俗、病気平癒の願《がん》を撤回して早い死の到来を願う「願解き」などだ。日本人は古くから病人になって苦しみたくない、あるいは病人を長く苦しませるのは忍びないと考える安楽死願望を持っていたようだ。

表5－1　人生の最終段階における医療・ケアの決定プロセスに関するガイドライン（抜粋）
（厚生労働省　2018年3月改訂）

1　人生の最終段階における医療・ケアの在り方

①　医師等の医療従事者から適切な情報の提供と説明がなされ、それに基づいて医療・ケアを受ける本人が多専門職種の医療・介護従事者から構成される医療・ケアチームと十分な話し合いを行い、本人による意思決定を基本としたうえで、人生の最終段階における医療・ケアを進めることが最も重要な原則である。

　また、本人の意思は変化しうるものであることを踏まえ、本人が自らの意思をその都度示し、伝えられるような支援が医療・ケアチームにより行われ、本人との話し合いが繰り返し行われることが重要である。

　さらに、本人が自らの意思を伝えられない状態になる可能性があることから、家族等の信頼できる者も含めて、本人との話し合いが繰り返し行われることが重要である。この話し合いに先立ち、本人は特定の家族等を自らの意思を推定する者として前もって定めておくことも重要である。

②　人生の最終段階における医療・ケアについて、医療・ケア行為の開始・不開始、医療・ケア内容の変更、医療・ケア行為の中止等は、医療・ケアチームによって、医学的妥当性と適切性を基に慎重に判断すべきである。

③　医療・ケアチームにより、可能な限り疼痛やその他の不快な症状を十分に緩和し、本人・家族等の精神的・社会的な援助も含めた総合的な医療・ケアを行うことが必要である。

④　生命を短縮させる意図をもつ積極的安楽死は、本ガイドラインでは対象としない。

より具体的なガイドラインを打ち出すに至った。

　さらにそれは二〇一八年に「人生の最終段階における医療・ケアの決定プロセスに関するガイドライン」（表5－1）として大きく改訂され、下線の文言が加えられた。解説文書ではこの取組をAdcance Care Planning（ACP）として示し、それは本人が「家族等」も含め、医療・ケアチームと事前に繰り返し話し合うプロセスを重視するものとされる。

二〇一八年八月、公立福生病院で腎臓病患者の意思確認書に基づいて人工透析が中止され患者が死亡するという事例が発生した。本人の自己決定に基づく治療中止ということになるが、当該患者は透析中止後苦痛が増して、撤回したいという言葉を何度も述べたという。しかし落ち着いた時の「苦痛除去が望みか、透析が望みか」という医師の問いかけに対し「苦しみが取れればいい」と答えたことに応じて、医師は鎮静剤を注入することで対応したということであるが、その最終意思はカルテ無記載であった。そして最初の意思確認の際に提示されたのは透析を行うか否かだけであり、他の選択肢も提示されず、同意書撤回が可能であることも説明されなかった。家族も納得しえず、損害賠償請求訴訟が提起された（二一年和解成立）。この腎臓病患者は末期状態ではなかったといえるが、それだけに「事前」に「繰り返し」「話し合う」ことができたであろうし、そのことが求められることを示す事例であったといえる。このケースが生じた後、日本透析医学会はACPも念頭においたガイドライン改訂を行った。

高齢社会化と医療のさらなる発達に伴い、わが国における安楽死・尊厳死をめぐる問題状況は新たな展開をみせつつある。終末期医療および治療中止（ALS、胃ろう）に関わる何らかの法制化に向けた真剣な議論の必要性は非常に高まっているといえる。その議論が患者の権利擁護と尊厳保持のためのものへと結実していくか否かは、安楽死・尊厳死を論じる以前の問題、すなわち、医師と患者・家族との間に十分なコミュニケーションや信頼関係があるか、一人ひとりの患者の声に耳を傾けることのできる医療体制が整っているかに大きくかかっている。そしてそれは医療にとどまらず、社会福祉のあり方、家族と患者の関係性も含め、究極的にはわが国の社会全体の姿勢が問われている問題であるといえよう。

第6章

脳死・臓器移植

生と死のはざま

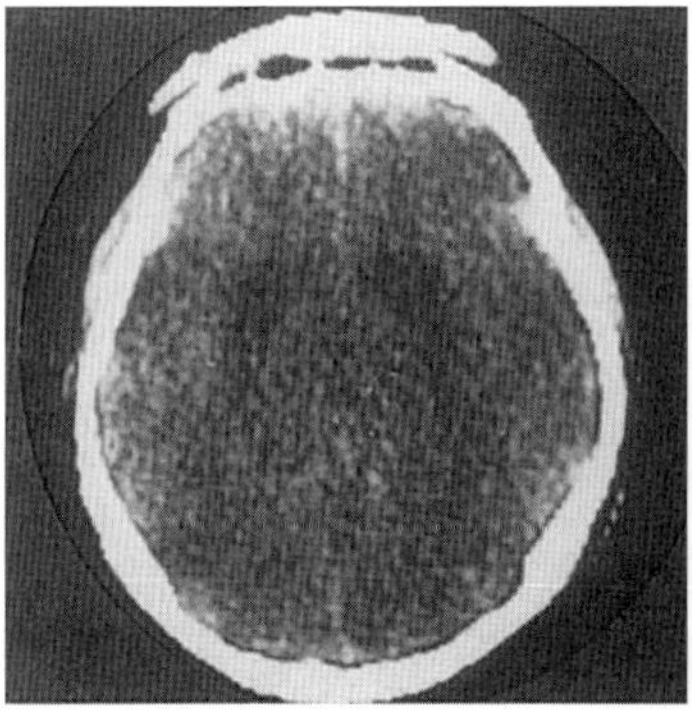

脳死状態のＣＴ像

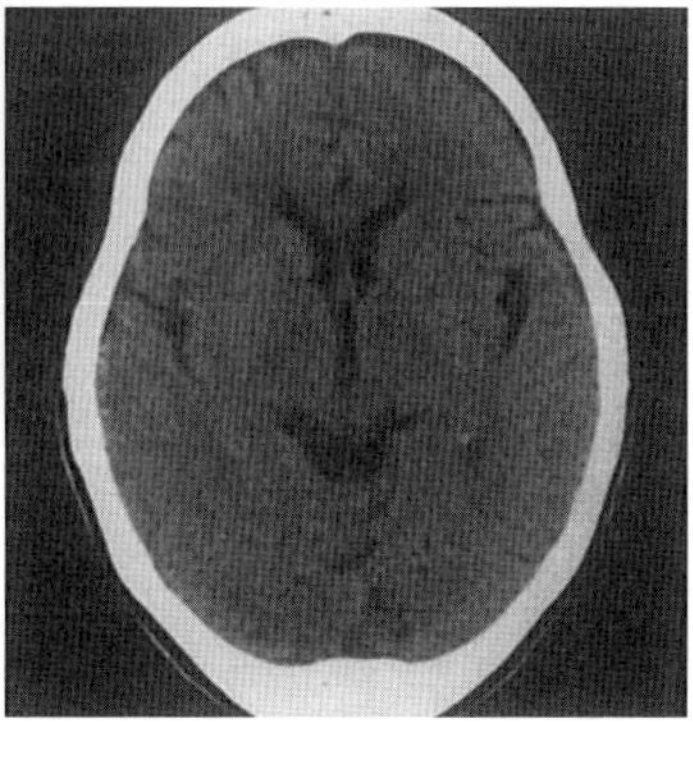

正常のＣＴ像

（三井香兒『脳死がわかる本――脳死と植物状態の違い』日本メディカルセンター、1992年より）

本来、脳死とは脳の不可逆的機能停止状態をさし、「脳死を容認する」という場合、かかる状態を「個体死とすること」を容認することである。一方、臓器移植とは機能不全に陥った臓器を他者の臓器によって代替する治療手段の一つであり、「臓器移植を容認する」とは、このような治療方法の妥当性を容認することを意味する。これらは本質的に異質な次元の問題だが、この両者がしばしば同時に論じられるのは、一般に、臓器の移植は生体または脳死体から行った方が成功率は高く、ことに心臓など基幹的な臓器の移植の場合、脳死体以外からの移植は不可能だからである（ただし、心臓死後の心臓移植を試みている国もある）。

そこで、脳死体からの臓器移植（以下、脳死移植）、なかでも基幹的な臓器の移植や多臓器同時移植などを考えた場合、その前提として「脳死の容認」が不可欠だ。この両者が不即不離の関係にあるのはこのためである。

一九九七年、「臓器の移植に関する法律」（以下、臓器移植法）が成立し、わが国でも本格的に脳死移植が始まった。しかし、本法成立までには幾多の批判や異論が提起され、法成立は文字どおりの難産だった。その状況は本法の改正に際しても再燃したといえる。生体からの臓器移植や心臓死を経た死体からの臓器移植はさしたる疑問もなく行われてきたのに、なぜ脳死や脳死移植には強い抵抗感が示されたのか。本章では、脳死や脳死移植を中心に、その背景にある諸問題を考えてみたい。

1　脳死とは何か

一　脳死とは

［1］死の判定と脳死

生まれる時と同様、死ぬ時も人は明確な一時点を画して死ぬものではなく、ある程度段階を経て死んでいく。ゆえに、生と死との境目をいかにして画定するかは昔から困難な作業だった。ヨーロッパでも、かつては「早すぎる埋葬」がしばしば問題になり、死んだと思い棺桶に納めたら、後に蘇生するということがあった。

ヨーロッパにおいて死の判定に画期をもたらしたのは、一九世紀の聴診器の発明だった。これによって、死の判定は呼吸停止、心停止、瞳孔散大の三徴候の確認をもって行う、いわゆる「三徴候説」にたどり着く。通常の場合、人の死は呼吸停止がまず起こり、やがて心停止、脳機能の停止へと進行する。三徴候説はこのプロセスを確認するものだ。さらに、二〇世紀には、これに脳波の測定が加わり、死の判定は精度を増した。

ところが、最近になって、人工呼吸器をはじめとする生命維持装置が発達し、脳の不可逆的停止が起こっても、生命維持装置によって呼吸と心臓を維持することが可能になった。つまり、脳の不可逆的機能停止が心臓の機能停止に先行する事態が生じたのだ。これが、現在、一般に意味されている脳死である。脳死には、脳の損傷、脳出血、脳腫瘍といった脳自体の病変から生じるもの（一次性疾患）と、心臓の一次的な停止で脳に血液が行かなくなるために生じるもの（二次性疾患）とがある。過労死の原因となるクモ膜下出血、交通事故などによる頭部外傷、水難事故による低酸素状態などで脳に致命的なダメージを受けて脳死に至るような事例が典型的だが、その場合、病院に運ばれた段階で即座に人工呼吸器が付けられる。その後、脳の不可逆的停止が確認されると脳死状態が発生するのである。したがって、脳死状態が発生するには高度な救急医療と生命維持装置が必要であり、死亡例全体からすれば、脳死を迎えるケースは非常に稀なのである。日本では二〇二一年現在、年間約一四〇万件の死亡があるが、このうち脳死を迎えるのはその一％弱と推定される。

脳死は、それまで何の問題もなく健康に暮らしていた子どもや青年、働き盛りの壮年者などが突然に襲われる事態だ。本人はもとより、家族も大きな混乱と苦悩に巻き込まれる現象だといえるだろう。

［2］脳死と植物状態

脳死状態は、前章で述べた植物状態とは違う。

①　脳生理学上の違い　両者の最も重要な違いは、脳幹機能の喪失の有無にある。すなわち、脳死は脳幹機能の不可逆的喪失を前提にするが、植物状態では、大脳の機能は著しく損なわれているものの、脳幹機能が全部または一部維持されている。

②　外見的な違い　　最も顕著な違いは自発呼吸の有無である。脳死では脳幹機能喪失があるため、自発呼吸不可である。呼吸中枢は脳幹に所在しているからだ。一方、植物状態では脳幹機能が維持されるため、自発呼吸がみられる。前章で取り上げたカレンの場合、人工呼吸器取り外し後に自発呼吸を再開したから、植物状態だった。カレンは、夜、目を閉じ、針で顔を刺せば顔をしかめるという反応があった。これらも脳死には決して見られない反応である。

このほかに植物状態の外見的特徴としては、自力移動の不可能、自力摂取の不可能、屎尿失禁状態、言語の不能、目を開ける・手を握る程度の反応、眼球は物を追うが、それが何か理解できない、などである。また一般に、植物状態には筋肉の緊張がみられるが、脳死状態では筋肉は弛緩している。

③　経過の違い　　植物状態が相当長期間にわたって維持可能なのに対し、脳死状態は長続きしない。約半数は二〜三日以内、七〇〜八〇％は一週間以内に心停止に至るとされる。最長記録でも一〇〇日程度のようだ。ただし子どもの場合には、数か月から一〇年以上にわたる、いわゆる「長期脳死」が指摘されている（後述）。

さらに重要なことは、植物状態の場合、すべてが不可逆的ではなく、適切な治療によって回復可能性がある。現在、植物状態の患者を回復させるための治療法はめざましい進歩をみせ、注目すべき成果をあげている。これに対し、脳死状態から回復することはない。これは定義上ありえない。なぜなら、脳死とは脳機能の不可逆的停止をさすからだ。「脳死から生還する」とは、誤った脳死判定から生還することであって、脳死そのものから生還することではない。

以上のように、植物状態は明らかに生きた状態だが、脳死状態は生きた状態であるか否か自体が問題なのである。脳機能の不可逆的停止をもって個体の死と判定すべきだとする立場（以下、便宜上「脳死説」と呼ぶ）は、脳死状態が一見生きているように見えるのは錯覚にすぎず、脳死体は「機械によって動かされている死体」でしかないと主張する。一方、従来どおり心臓の停止まで待つべきだとする立場（以下、便宜上「心臓死説」と呼ぶ）は、あえて個体死を脳死時点まで遡らせる積極的理由がないと主張する。

二　脳死の概念

脳死とは「脳機能の不可逆的停止」のことである。しかし、ここでいう「脳機能」とは脳のどのような機能をさし、「不可逆的停止」をいかに判定するのかについては争いがある。

①　大脳皮質死説　　きわめて少数説だが、人間固有の高度な精神活動を司る大脳皮質の不可逆的停止こそが脳死であり、これをもって個体の死と判定すべきだとする説がある。エンゲルハートなどが代表的な論者だ。この説は、理性を有してこそ初めて人格的生命であり、これを失えば人間は個体としての存在理由を喪失するという人間観に立つ。しかし、大脳皮質の不可逆的停止は植物状態を招来するにすぎず、一般的には、脳死を意味しない。

②　脳幹死説　　これは脳幹の不可逆的機能停止をもって脳死と定義し、これを個体死の判定

図6－1　植物状態、脳幹死、全脳死の比較図イメージ

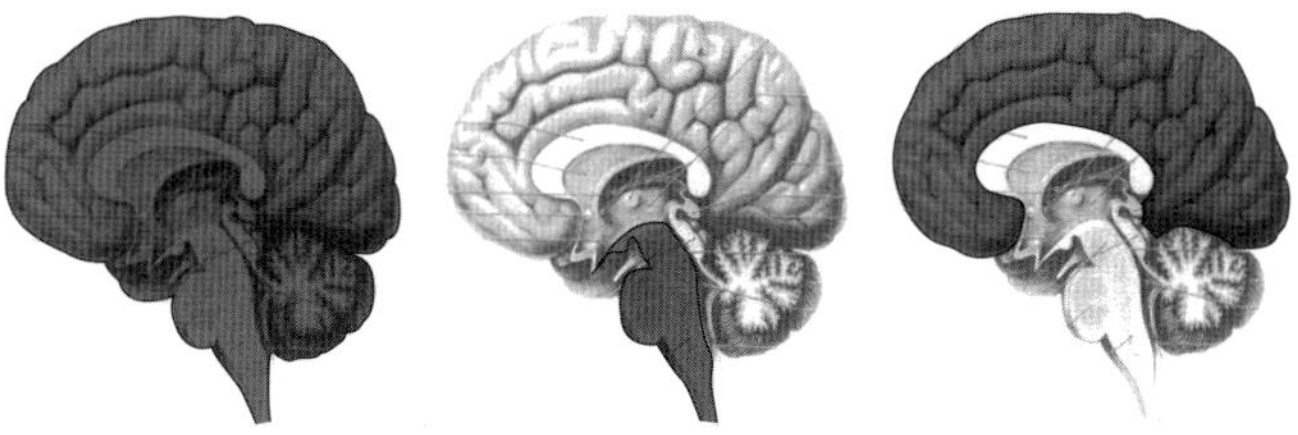

出典：Anne M. R. Agur（山下廣ほか訳）『グラント解剖学図譜〔第4版〕』（医学書院、2004年）47頁の図を加工

に用いる説である。代表論者はイギリスのパリスだ。脳幹は呼吸機能や血圧の維持をはじめ、人間の最も基礎的な生命活動を司る部分だからである。意識活動もまた、脳幹によって維持されるという。

しかし、脳幹の不可逆的機能停止が確認されても、脳波残存、視床下部からのホルモン分泌の事例が数例報告されている。脳幹死説はこれらの残存活動を無意味な死後現象と主張するが、これが本当に無意味なものなのか否か、積極的証明は困難である。

③　全脳死説　本説は、脳幹死説の危険を避けるための安全策として、脳全体の不可逆的機能停止をもって脳死とする。現在、世界で最も多く採用されている脳死の概念であり、わが国の厚生労働省基準もこれである。

全脳死説にも異論がないわけではない。脳の機能停止は確認できても、それが不可逆的かどうかは臨床経験に依拠しており、絶対的に断定できるものではないからだ。また、仮に不可逆的な全脳死が確認可能としても、意識の残存がないこ

とまでは断定できない。「不可逆である」と「死んでいる」は同義ではないし、全脳死と判定された脳の中で何が起きているのか、私たちは完全には知らないからである。そのため、脳血流が全面的に停止し、脳が器質死を迎えるまで待つべきだとする意見もある。

以上のように、脳死の概念は必ずしも確定したものではない。ここでは、世界の大勢を占める全脳死説を前提にしておこう。

三　各国の現状

［1］欧米の場合

キリスト教では、教派のいかんを問わず、死の判定方法の問題は教会の権限外の問題であるとし、脳死説に格別な反対がない。しかも、臓器の移植は宗教的愛の実践行為として理解される場合が多く、おのずとキリスト教文化圏は最も有力な脳死・臓器移植の推進地域である。

ただ、脳死説の受容の仕方は国によって異なる。イギリスでは脳死を立法化せず、医学界での脳死説の採用（一九七九年）を追認するかたちが取られたが、アメリカでは逆に、各州が法律で脳死を規定する方式がとられた。脳死の概念も、イギリスは脳幹死説だが、アメリカは全脳死説を採用する。

脳死移植については各国とも積極的だ。アメリカのUNOS、ヨーロッパのユーロ・トランスプラント、スカンジナヴィア・トランスプラントなど広域ネットワークが確立し、ドナー登録済みの臓器提供者が現れれば、ただちにコンピュータで移植適合者が斡旋される体制だ。ただし、イギリス、フランス、スペインは独自のネットワークを持つ。また、移植に関わる様々なスケジュールを調整するコーディネーター制度の発達もみられる。

臓器提供の意思表示として、提供意思を表明する方法（オプト・イン方式）をとる国と、提供拒否を意思表示する方法（オプト・アウト方式）をとる国とがある。アメリカやイギリスは前者だが、オーストリア、ベルギー、フランス、スペインなどは後者だ。オプト・イン方式では移植用臓器を確保できないとして、現在、多くの国がオプト・アウト方式に移っているといわれる。

ドナー確保の困難さは欧米でも変わらない。心臓移植に限れば、年間約四千件という高実績を示すのはアメリカだけで、ドイツ、スペインが三〇〇件台、イギリスは二〇〇〇年以降一〇〇件台に低下（九〇年は三七四件だった）、フランスも現在三〇〇件台にまで落ち込んでいる（九〇年は七二二件。ただし一〇年代に入り若干増加傾向がみられる）。

［2］アジアの場合

アジアでも法律上は脳死説を容認し、脳死移植を推進するが、文化的背景により捉え方は異なる。東アジアの儒教思想は脳死者からの臓器摘出を好まない傾向がある。イスラム教にも、肉体は与えられたままで神に返すべきだとする教えがあるという。ヒンドゥー教にも類似の考え方があり、インドでは、一般に、火葬に付す前の遺体を損壊してはならないという。逆に、上座部仏教の影響の強いタイでは、仏教の捨身や喜捨の教えに基づき、臓器提供には肯定的である。東南アジア初の心臓移植手術もタイで行われた。また韓国は、アジアでは臓器移植が多い方で、心臓移植は年間一〇〇件台ほど実施されている。

臓器移植が推進される一方、臓器提供に関する倫理問題の指摘も多い。フィリピンをはじめとする非合法な臓器売買の問題（二〇〇八年四月、フィリピン政府は外国人への生体腎移植を禁止した）、中国における死刑囚からの臓器摘出問題などが指摘されてきた（二〇一五年に禁止）。このような実態に対し、〇八年五月国際移植学会が「イスタンブール宣言」において臓器取引と移植ツーリズムの禁止を宣言するに至った。ただし、依然として行われていることはしばしば報道されているところである。

［3］日本の場合

わが国では、まず医学界において脳死説のコンセンサスを形成するイギリス方式が試みられた。一九七四年に日本脳波学会が作成した脳死判定基準、八五年に厚生省（当時）「脳死に関する研究班」が作成した厚生省基準（現、厚生労働省基準、竹内基準とも呼ばれる）等を踏まえ、八八年、日本医師会生命倫理懇談会は脳死説を容認する提言を含んだ答申を発表した。同年、本提言は日本医師会の公式見解に採択され、医学界の合意形成が期待された。しかし、臨床の現場では、その後も反対が根強く、錯綜する状態が続いた。

わが国の脳死・臓器移植問題に大きな変化をもたらしたのは、九〇年に始まった「臨時脳死および臓器移植調査会」（いわゆる「脳死臨調」）である。九二年一月の最終答申は賛否両論併記という異例のものだったが、多数意見は、臓器移植の必要性に基づく脳死説の容認、脳死者からの事前承諾による臓器の摘出を認めるもので、これを契機に、当初のイギリス方式から脳死を立法化するアメリカ方式への方向転換が図られた。かくして、九七年七月の「臓器移植法」の成立に至ったのである。「臓器移植法」については、節を改めて検討しよう。

2　臓器移植法

一　脳死の法理

死についての理解は各人各様だろう。死生観の多様性は、むしろ私たちの文化を豊かにするものであるから、多様であって構わない。しかし、法律上の死の概念だけは各人各様というわけにはいかない。「これが殺人かどうかは死生観の問題だ」では事件は解決しない。脳死を生の領域に組み込むか、死の領域に組み込むかにより、脳死体からの心臓移植に殺人罪が適用されるべきか否かが分かれるし、死亡時刻に差が生じて相続順位が異なるなどの重要な法律効果の差が生じてくる。脳死の理解は各人各様であって構わないが、それが法律上いかに扱われるべきかについては統一的でなければならない。

ところが、意外にも、かつては死の定義に言及した法律はなかった（強いていえば、死産の届出に関する厚生労働省令くらいだった）。それは三徴候説に従えば死の概念に混乱はなく、立法にはなじまないと考えられたためだろう。ただ一般的には、心臓死による死の判定がわが国の慣習法だという説が有力だった。この説によれば、「臓器移植法」の制定によって、従来の慣習法は部分的に破棄されたことになるだろう。

二　立法までの経過

「臓器移植法」の最初の法案が国会に提出されたのは一九九四年四月だが、ようやく審議に入ったのは九七年の三月からである。原案は、すべての脳死を一律に死と判定する一律脳死の立場に立つものだった。これに対し、心臓死説を堅持したまま移植の場合だけ違法性を阻却するという対案が提起されたが、衆議院本会議では一律脳死の原案が支持された。

ところが、衆議院通過後、脳死説に反対する宗教団体からの圧力や慎重論などが続出し、九七年六月、いわば脳死説と心臓死説とを折衷した「参院修正案」なるものが提出された。それは、どちらの死を選択するかを自己決定に委ねるというものだ。この修正案が、六月一七日、衆参両院の本会議を通過し、「臓器移植法」として成立した。

自己決定モデルに基づく脳死立法は世界的にもきわめて珍しかった。脳死を受容しがたい人々の心情と移植を希望する人々の切なる願いを両立させた妙案であるとか、自己決定権論を視野に入れた進歩的な内容だといった肯定的な評価もみられるが、立法過程をみれば明らかなように、この法律は様々な意見や利害関係の妥協の産物として成立したものなのである。

「臓器移植法」の附則では、三年後の見直しが予定されていた。二〇〇五年に政府改正案が提出されたが、廃案になった。本法の見直しが本格的に国会で審議されたのは〇九年に入ってからで、改正「臓器移植法」は同年七月にようやく成立した。旧「臓器移植法」（以下、旧法）と改正「臓器移植法」（以下、改正法）との相違点を確認するために、まずは旧法の概要をみておこう。

三　旧「臓器移植法」の骨子

①　死体からの移植のための臓器摘出を認める（第一条・第二条）　死体からの臓器摘出を合法化するのが「臓器移植法」の第一の立法目的である。わが国の刑法には「死体損壊罪」という犯罪がある（刑法第一九〇条）。死体をはじめ、「遺骨、遺髪又は棺に納められてある物」を壊す行為を犯罪として処罰する規定だ。したがって、脳死体であれ、心臓死体であれ、正当な理由なく臓器を摘出すれば死体損壊罪に問われる。そこで、「臓器移植法」は死体からの臓器摘出に正当な理由を与え、合法化した。
もっとも、死体からの臓器摘出を合法化する法律は以前から存在していた。一九五八年に制定された「角膜移植法」、およびこれに腎臓移植を追加した七九年の「角膜腎臓移植法」（以下、角腎法）だ。これに対し、「臓器移植法」は移植可能な臓器の範囲を「心臓、肺、肝臓、腎臓、その他厚生労働省令で定める内臓及び眼球」に拡大した（第五条）。そのため、「角腎法」は「臓器

移植法」に吸収され、廃止された（附則第三条）。

②「死体」には脳死体が含まれる（第六条一項）「角腎法」と決定的に異なるのは、脳死体からの臓器摘出を合法化したことだ。「角腎法」では脳死体からの移植を想定していなかった。これにより、移植のための臓器摘出に限り、脳死は個体死として定義された。

③ 脳死移植の際の脳死判定は意思表示がある場合に限る（旧第六条三項）旧法で移植のための脳死判定は、本人が脳死判定に従う意思を書面によって表示しており、かつ家族もこれを拒まない場合のみだった。〇九年七月の改正法との重要な相違点の一つだ。つまり、旧法では、臨床上、脳死と診断されても、脳死に従う書面の意思が存在しない、あるいはそれがあっても家族が拒否した場合は、死とは判定されず、通常どおり、心臓死を待つことになる。つまり、書面により脳死判定と脳死移植に同意している者、かつ家族の拒否がない場合のみ、移植のための厳密な脳死判定が行われた。脳死移植に臓器を提供する者は「臨床的脳死判定」と移植のための「法的脳死判定」という、二度の脳死判定を受けるのだ。脳死者の死が判定されるのは、後者の「法的脳死判定」によってである。

同一の脳死状態でも、脳死移植に同意する者は厳密な脳死判定を経て「死亡」とみなされるが、他方、同意しない者は心停止に至るまで「生存」とみなされ、いわゆる「二つの死」と呼ばれる問題が生じる。参議院の修正で導入された方式だった。なお、脳死の定義としては全脳死説が採用されている（第六条二項）。

④　臓器提供は意思表示がある場合に限る（旧第六条一項）　この点は改正法との最大の相違点といえる。臓器の摘出に際しては、本人の提供意思を第一に尊重すべきだとされているが（第二条一項）、旧法では、提供意思を書面で示す、いわゆるオプト・イン方式が採用された（旧第六条一項）。しかも、本人が書面で意思表示していても、遺族が拒否できた。以前の角腎法では、むしろ遺族の承諾を原則とし、例外的に本人の書面による承諾が尊重されていたのだから、旧法は本人の意思確認をいっそう厳格化したものだった。角腎法では、遺体の処分は原則として遺族に決定権があると考えられていたため、極端にいえば、本人が生前に摘出に反対していたとしても、遺族の承諾で臓器が摘出されてしまう可能性があった。旧法はこのリスクを排除したのだ。のちに述べるように、改正法はこのリスクをある部分復活させたことになる。

しかし、この意思確認の厳格さがドナー確保にとって大きな制約になっていたのは事実である。通常、多くの人は自分が近々脳死を迎えると想定していないため、ドナーカードなどによって臓器提供の意思を表示する人はきわめて少なかった。「まるで臓器移植禁止法のよう」という皮肉の声さえ聞かれた。

⑤　臓器売買の禁止（第一一条）　臓器売買については、第一一条に禁止規定がおかれるとともに、第二〇条には罰則が定められている。量刑は「五年以下の懲役若しくは五百万円以下の罰金」である。このほか、虚偽記載、無許可あっせん等についても罰則がある。

また、一九九七年一〇月には、同法の施行規則とガイドラインが制定された。主なポイントを

表6－1　厚生省（当時）脳死判定基準の要約（抜粋）

1　前提条件
(1)器質的脳障害により深昏睡及び無呼吸を来している症例
(2)原疾患が確実に診断されており、それに対し現在行いうるすべての適切な治療をもってしても、回復の可能性がないと判断される症例
2　除外例
(1)6歳未満の小児
(2)脳死と類似した状態になりうる症例（①急性薬物中毒、②低体温、③代謝・内分泌障害）
3　判定基準
(1)深昏睡　(2)自発呼吸の消失　(3)瞳孔散大　(4)脳幹反射の消失*　(5)平坦脳波　(6)時間経過（上記の条件が満たされた後、6時間の経過をみて変化のないことを確認する）

＊脳幹反射には以下の7種類がある。

対光反射（瞳孔へ光をあてる）
角膜反射（角膜へ綿棒をあてる）
毛様体脊髄反射（頸部に痛みを与える）
眼球頭反射（頭を左右に動かす）
前庭反射（氷水を外耳道に入れる）
咽頭反射（のどの奥を刺激する）
咳反射（のどを刺激する）

あげれば、施行規則では、脳死判定基準として厚生省基準（当時）（表6－1参照）を用いるべきこと。ガイドラインでは、①臓器提供の意思表示の有効性は一五歳以上とすること、②知的障害者については脳死判定を行わないこと、③臓器提供の承諾を得るべき家族の範囲は、原則として、配偶者、子、父母、孫、祖父母および同居親族とし、喪主が家族の意向を取りまとめること、④死亡時期は第二回目の検査終了時とすること、などがあった。一五歳未満の子どもの臓器提供が不可能だったのは、臓器移植法そのものによってではなく、このガイドライン①によってだった。

四　改正「臓器移植法」

一九九七年の臓器移植法制定後から一二年を経ても、脳死による臓器提供者が一〇〇例にも充たない状況であった。そこで、臓器提供者の数を増加させることと、年少者の臓器提供を可能にするため、二〇一〇年七月に改正「臓器移植法」が施行された。旧法のガイドラインでは、一五歳未満の年少者は臓器提供の意思表示が不可とされたが、民法第九六一条には「満一五歳に達した者は、遺言をすることができる」とあり、この遺言可能年齢に合わせて一五歳という年齢が画定された。しかし、これで年少者への臓器移植がわが国で不可能となった。そのため、年少の要移植患者は海外渡航して臓器提供を待たねばならない状況（費用は数千万円から数億円）が続いた。

ところが、昨今、いずれの国も臓器不足に悩んでいることから、外国人への臓器提供を制限したり、禁止したりする動きが出てきた。前述のように国際移植学会は、二〇〇八年五月、海外渡航による国外患者への移植の自粛を訴える「イスタンブール宣言」を発表し、ＷＨＯもガイドラインを変更した。年少の要移植患者はますます窮地に立たされ、移植患者団体も子どもにも国内で移植する機会を与えてほしいという要望を出していた。この要望に応えるかたちで改正が行われた。主な改正点をあげてみよう。

①　脳死は拒否しない限り、人の死である（改正第六条三項）　すでに述べたように、臨床上、脳死を迎えるのはきわめて稀なケースであり、通常の場合はこれまでどおり心臓死で判定する。これに対し、臨床上の脳死については、本人または家族のいずれかが脳死判定を拒否しない限り、「法的脳死判定」が行われ、死と判定される。ただし、「死の判定は脳死で結構だが、臓器提供

はしたくない」という場合は、移植のための「法的脳死判定」は不要なのだから、臨床上の脳死であっても、心停止を待つことになると思われる。

② 臓器提供は遺族の同意のみで足りる（改正第六条一項二号） いわゆる、オプト・アウト方式の採用である。本人または遺族のいずれかが臓器提供を拒否しない限り、「提供意思あり」とみなされ、臓器摘出されることになる。

③ 臓器提供者の年齢制限を廃止する 上記の改正に伴い、ガイドラインにある「一五歳以上」という臓器提供の年齢制限は廃止された。旧法では提供の意思表示のために、意思表示の可能年齢が問題となったが、改正法では、脳死判定の年齢制限が撤廃され、意思表示も不要となった。脳死判定については、六歳から一五歳未満にはこれまでと同様の方法で判定をし、六歳未満の子どもは、脳死判定基準の(1)から(5)の項目（表6-1参照）を実施した後、二四時間後に再判定しても同じ結果であること、という方法で診断することになった。

④ 親族への優先的な臓器提供を認める（改正第六条の二） かねてから、親族への臓器提供を認めてほしいとの声も多かった。改正法では、親族のみへの排他的な提供は認めないが、優先的な提供は認めることとなった。ただし、親族の範囲は配偶者、子ども、父母に限定されている。

五 改正「臓器移植法」の問題点

二〇〇九年の改正は、旧法での原則と例外との関係を逆転させた。旧法では、事前に提供意思

表6-2　改正「臓器移植法」（抄）

第六条　医師は、次の各号のいずれかに該当する場合には、移植術に使用されるための臓器を、死体（脳死した者の身体を含む。以下同じ。）から摘出することができる。

一　死亡した者が生存中に当該臓器を移植術に使用されるために提供する意思を書面により表示している場合であって、その旨の告知を受けた遺族が当該臓器の摘出を拒まないとき又は遺族がないとき。

二　死亡した者が生存中に当該臓器を移植術に使用されるために提供する意思を書面により表示している場合及び当該意思がないことを表示している場合以外の場合であって、遺族が当該臓器の摘出について書面により承諾しているとき。

2　前項に規定する「脳死した者の身体」とは、脳幹を含む全脳の機能が不可逆的に停止するに至ったと判定された者の身体をいう。

3　臓器の摘出に係る前項の判定は、次の各号のいずれかに該当する場合に限り、行うことができる。

一　当該者が第一項第一号に規定する意思を書面により表示している場合であり、かつ、当該者が前項の判定に従う意思がないことを表示している場合以外の場合であって、その旨の告知を受けたその者の家族が当該判定を拒まないとき又は家族がないとき。

二　当該者が第一項第一号に規定する意思を書面により表示している場合及び当該意思がないことを表示している場合以外の場合であり、かつ、当該者が前項の判定に従う意思がないことを表示している場合以外の場合であって、その者の家族が当該判定を行うことを書面により承諾しているとき。

第六条の二　移植術に使用されるための臓器を死亡した後に提供する意思を書面により表示している者又は表示しようとする者は、その意思の表示に併せて、親族に対し当該臓器を優先的に提供する意思を書面により表示することができる。

を書面で示し、しかも家族も拒まないケースはとても少なく、臨床的脳死でも、法的な脳死判定を受け、臓器摘出が行われるのはきわめて例外だった。むしろ原則的には、臨床的脳死でも心停止まで待っていた。これに対し、改正法はこの関係を入れ替えた。事前に提供拒否や脳死判定拒否を表示していたり、家族が拒否するケースはそう多くはないし、臨床的脳死になれば、移植のための法的脳死判定を受け、臓器摘出が行われるのがむしろ原則となる。臨床的脳死で心停止まで待つことの方が例外的との見通しだ。しかし、本人の意思がわからない以上、家族は同意に躊躇するかもしれない。

改正法は一律脳死の立場だという見方があるが、これは正しくない。臨床的脳死でも法的脳死判定を拒否すれば心臓死だ。改正法は原則と例外の関係を入れ替えた自己決定モデルである。脳死に抵抗感のある人々に配慮した結果だとされるが、これは功罪相半ばするだろう。結局、「二つの死」問題が残るからである。そもそも、法律上の死の定義は自己決定にはなじまない。もしそうなれば、当然に生命権の保障は曖昧となり、かつて「脳死臨調」多数意見も述べていたように、「法律関係を複雑かつ不安定にする」からである。やはり、法律上の死の定義は一律であることが望ましい。

さらに問題なのは、臓器移植法の基本理念「本人の提供意思の尊重」が、事実上、放棄されたことである。改正後も、予想のとおり、国民の大多数は脳死移植に特段の意思表示をしていないが、改正法では、家族が拒まない限り、これは「提供の意思あり」とみなされる。しかし、「何も言っていないのだから賛成だ」というのははなはだしい擬制であって、これではとうてい本人の意思を尊重しているとはいえない。あるいは、「何も言っていない場合は家族が決める」ともとれるが、そうであれば、尊重されているのは本人の意思ではなく、家族の意思だということになる。その家族でさえ、本人の意思がよくわからないまま、説得されて承諾するという誘導がなされるかもしれない。いずれにせよ、基本理念は事実上放棄されたといわなければならないだろう。その意味でかつての角腎法のリスクが復活しているのである。

基本理念を曲げてでも改正しなければならなかった理由は、ひとえに臓器提供を増やすという実際的な理由をおいてほかにない。改正前は一二年間で八六件しかなかった脳死臓器提供が、改正後は、年間三〇件程度から徐々に増加し、二〇年代に入り七〇件程度に至っている（一九年には九七件に上ったが、二〇年六八件、二一年六七件である。この減少がコロナ禍の影響かどうかは見定める必要がある）。ただし、移植を待つ患者数に比べれば、これが十分な数字であるようには思われない。今後、この改正によっても臓器提供が思ったほど増えなかった場合は「家族の承諾」さえ取り払われる可能性はないか。これは滑りやすい斜面なのかもしれない。

私たちの社会には、病気や障害などのために「何も言えない」人々もたくさんいる。知的障害の場合などは脳死判定から除外されるが、はたして彼らの意思は十分に尊重されるのか。

このことは、年少者の臓器提供にも関わる。年少者であっても、その判断能力の成熟度に応じて自己決定が尊重されてしかるべきだが（したがって、一五歳で線引きしなければならない必然性はないだろうが)、改正法のもとでは、臓器を提供するか否かは実質的に親の決定権に委ねられる。

加えて、子どもの脳死には未解明な部分が多い。いわゆる「長期脳死」だ。新聞報道によれば、脳死判定後一か月以上経っても心停止に至らない、長期脳死状態の子ども(一五歳未満)が少なくとも六〇人以上おり、最長のケースでは一〇年五か月だという(毎日新聞〇七年一〇月一二日)。そのほか、脳死判定後に回復した五か月の小児の例(朝日新聞〇六年六月三日)や一歳五か月の小児の例(読売新聞〇七年一二月一八日)などがある。これらの事例は、仮に子どもからの脳死移植を容認するとしても、現行の脳死判定基準では不十分であることを意味している。厚生労働省は「臓器移植法」の改正を受けて、(これまで脳死判定からは除外されていた)六歳未満の幼児の脳死判定基準を検討する研究班を発足させると発表したが、本来ならば、まず確実な脳死判定基準を確立したうえで年少者の脳死移植を考えるべきだったのではないか。

二〇〇九年の改正は、臓器提供者を増やし、年少者の脳死移植を可能にするという立法目的を実現することと引き換えに、多くのリスクを導入した。しかも重要なことに、こうしたリスクの犠牲となる者はこれに抗議することができないのだ。なぜなら、彼らはすでに脳死しているからである。

法改正後の海外渡航状況をみてみよう。一九八四年から二〇一七年一二月末までの間に、海外で心臓移植を受けた小児は一一八人であった。〇八年のイスタンブール宣言による海外渡航禁止措置後も、日本からの海外渡航を認めている国はアメリカとカナダだけである(各施設の心臓移植件数の五%だけ海外の患者を受け入れてよいが、アメリカの心臓移植患者のほとんどは日本人)。一五年から小児用、体外設置型補助人工心臓(VAD)が保険償還され、小児の海外渡航心臓移植はなくなっていない。アメリカで心臓移植手術を受ける日本の子どもは年間三〇〇人程度だが、六〇〜一〇〇人の小児が渡航はしたものの待機中に死亡している。年間移植数が以前より増加しているのは、心臓移植技術の向上とみた方がよいだろう。

3　脳死説は認められるか

法律上の死の定義が一律であるべきならば、それは脳死か、それとも心臓死か。論争の原点に立ち返って、脳死説の是非そのものを検討してみよう。

一　脳死説をめぐる賛否論

脳死説や脳死移植をめぐる争点は多岐にわたるが、主なものに以下の諸点がある。

[1] 文化論的な争点――死とは何か

一九九二年の「脳死臨調最終答申」は賛否両論併記であったが、脳死説容認の多数意見とこれを否認する少数意見との最大の対立点はここにあった。

多数意見は、死の定義においては医学・生物学的知見が優位すべきであり、個体の有機的統一性を維持する脳の死を個体死と判定することに合理性があるとする。これに対し、少数意見は、死の定義においては文化的理解や国民感情こそが優位すべきだと主張する。人工呼吸器によって脳死者は呼吸もするし、体も温かい。家族にはにわかに死を受け入れがたいのが現実だろう。この日常的な直感は死の定義にどこまで反映されるべきかが争われたのである。

［2］医学・生物学的な争点——個体の死の判定は脳機能に局在化できるのか

仮に、医学・生物学的な知見を優先し、かつ、死とは個体の有機的統一性の喪失だと認めたとしても、それが脳によって維持されていると理解してよいか、については争いがある。たとえば、脳死出産の問題である。脳死状態は、脳の直接統御する首から上についてはまったく反応がないが、首から下は脊髄神経が生きているので反応がある。したがって、陣痛が起こるため、脳死状態からの分娩が可能なのだ。分娩途中で脳死状態に陥りながら、そのまま自然分娩した事例がいくつか報告されており、わが国でも数例ある。また、分娩まで至らないにせよ、母体の脳死状態を維持すれば、胎児は胎内で生き続ける。一九九二年にドイツのエアランゲンで起きた事例では、胎児はおよそ一か月間、生命を保続した（その後、流産）。ドイツで脳死論争を巻き起こした事件だ。八九年のアメリカの事例に至っては、実に一五週間も脳死状態が維持され、胎児は良好な状態で出産されたという（ただし、帝王切開）。こうした脳死出産の場合、子どもは死体から出てきたというべきなのか。やはり、脳死は個体の死ではなく、体の中の脳という一器官の死にすぎないのではないか、という疑問が提起された。

さらに、ラザロ徴候と呼ばれる現象も指摘される。あたかも聖書に語られる死者ラザロが復活するように、脳死判定後、脳死者がみずから手足を持ち上げる現象だ。これもまた脊髄反応と説明されるが、十分に解明されてはいない。脳死には医学・生物学的な謎も多い。

［3］ 社会学的な争点――脳死は移植のために「作られた死」か

なぜ従来の慣習を変更してまで脳死を個体の死とするのか。それは、臓器移植のためには是非とも脳死を個体死とする必要があるからという批判がある。少数意見によれば、この転倒した論理は臨床の場においても様々な不信や危険をもたらす。具体的には、次のような諸点である。

① 脳死説は死の判定を「密室で行われる『見えない死』の秘儀」に変えてしまう。脳死判定は家族の立ち入れない密室で、医師のみによって行われる秘密の儀式のようだというのだ。この方法は国民感情の支持を得られないとともに、医療への不信につながるという批判だ。

② 密室での脳死判定は「早すぎた死の判定」という不信や危険を生む。移植をせんがために故意に、あるいは無意識に、お座なりの脳死判定が行われはしないかというのである。

③ さらには、脳死の危機に瀕した患者はあらかじめ臓器提供者として予定され、万全を尽くして脳死を回避しようとする真摯な医療上の努力が放棄されてしまうという危惧もある。事実、このような事例が欧米では発生したことがある。

④ 二〇〇八年、アメリカ・オクラホマ州で、若い男性が医師から「脳死」を言い渡されたあとに蘇生したケースが大々的に報道された。さらにその男性は、脳死判定中も意識があったのに、

それを伝えられなかったと証言した。脳死判定そのものの合理性や確実性への信頼を揺るがす可能性のある出来事だ。

そもそも、脳死判定の対象となる事例は、もともと健康で、不慮の事故や病気により、脳に大きなダメージを受けた場合が多い。終末期とは違い、回復能力が高いことは予想がつく。また、この生き返った男性が言うように、意識はあるが、それを外部に伝えられない状態があるとすれば、「脳死」が本当に「不可逆的」であるのかさえ不確実になる危険性がある。実際、人間の脳の研究自体もまだ途上であり、人体のすべてが現在の医学で解明されてはいない。

二　脳死説の合理性

[1]　死とは何か

脳死臨調多数意見が死をもっぱら生物学的・医学的な概念として理解するのに対し、少数意見は、これを文化的な概念として理解する。たしかに、死が文化的に理解されるべきことには異論の余地がない。人間は単に生物としての死を迎えるだけではなく、常に文化的に解釈された死を死ぬ存在だからだ。しかしながら、死の概念に最低限の客観性を持たせるならば、やはり生物学的・医学的な知見の優位を認めざるをえないのではないか。文化的な死の定義方法は恣意性を免れないからである。たとえば極端な例だが、もし仮に植物状態患者や寝たきりの高齢者を死と定義し、「姥捨て」する社会があったとした場合、文化的な死の定義が優位するのであれば、私たちはこの社会を非難する理由を持たないことになる。各人の生命権には、各々の時代や地域の文化によって左右されることのない、最低限、生物学的・医学的な客観性が保障されるべきだろう。

［2］個体の死の判定は脳機能に局在化できるのか

生物学的・医学的な知見から死を定義するならば、いくつかの点で、脳死説の方により合理性があるといえそうだ。

脳死説は脳という一器官に死の判定を局在化するものだと心臓死説は批判するが、実は、心臓死説をとった場合でも、心臓という一器官に死の判定を局在化していることに変わりがない。全身のあらゆる機能の停止をもって個体死と定義することは医学的には不可能であり、社会通念にも合致しない。腎臓は心停止後一時間くらいは機能が維持されるし、脊髄反応も死後三時間くらいまでは残るので、腱をハンマーで叩けば死体でも足が跳ね上がる。死後硬直を迎えてすら、人間の髪の毛や爪はある程度伸び続けることが知られている。これらは死後現象として理解するのが自然だし、社会通念にもかなう。脳死出産をはじめ、脳死体に残存する脊髄反応は、心臓死を経た死体に残存する脊髄反応と同様、死後現象ともみなしうる。

結局、医学的な死の判定はどこかしらの器官に局在化せざるをえない。問題は、どの器官に死の判定を局在化させることが合理的か、であり、その意味では、脳に局在化させることに合理性があるのかもしれない。脳は、①身体全体の統御を行う器官であり、②死滅した細胞が再生しないという特殊性を持っており、③唯一、代替不可能な器官だからである。脳幹の代替は将来的に不可能ではないともいわれるが、仮に他者の脳を移植することが技術的に可能になったとしても、それは脳を移植したというよりは他者が身体を乗り換えたと理解すべきだし、人工脳に支配された身体は生きた人間ではなく、機械によって動かされるサイボーグと理解するのが合理的だろう。脳の代替は技術的に不可能である以上に、論理的に不可能なのである。脳移植や人工脳が論理的に不可能だと感じられるのは、私たちが暗黙のうちに脳にアイデンティティの根拠を見出していることの証拠でもある。

これに対し、心臓は代替可能な臓器であり、他者の心臓を移植したからといって、その人のアイデンティティが変わったとは少なくとも顕在的には理解されない。心臓はアイデンティティを保証する臓器ではない。

そもそも、心臓死が個体の死と理解されてきた根拠は、心臓の停止がやがては脳血流の停止をもたらし、脳死を招来するからである。心臓が止まっても、また動き出すかもしれない。その心停止が不可逆的なものだと断定するためには、脳死が成立しなければならない。また、心臓が停止しても脳に意識が残存している可能性が高い。一時的な心停止から蘇生した患者が、心停止状態での会話を記憶していた事例がしばしば報告されている。心臓が止まっても、脳機能が停止しなければ個体の死を判定するのは尚早だ。ならば、心臓死も脳死を前提にしていることになる。

［3］脳死は「作られた死」か

みてきたように、脳死説に合理性があるとすれば、必ずしも脳死は移植目的に作られた死の概念ではないことになる。とはいえ、脳死移植に伴うリスクや不信は常に残る。安全と信頼を高める努力や工夫が今後とも必要だろう。

以上のように考えるならば、個体の死の判定方法としては、臓器提供の意思の有無にかかわりなく、一律に脳死で判定することが妥当だと考えられ、そのためには、厳密な脳死判定方法の確立が前提である。現在の脳死判定基準では、脳死になれば必ず見られる徴候を示した必要条件は

コラム

記憶を持つ心臓？

アメリカ在住のクレア・シルヴィアさんは、一九八八年に心肺同時移植を受けた。回復後、彼女が最初に感じたのは「無性にビールが飲みたい」だった。以前はビールを飲む習慣などなかったのに、である。また、以前はピーマン嫌いだった彼女が、移植後は料理にピーマンを欠かせなくなった。そのほか、歩き方から好きなタイプの異性に至るまで、移植を受けて以来、何もかも変わってしまった。極めつけは、彼女は、夢の中に繰り返し現れるある名前からドナーの名前を言い当ててしまったという。

以前は心臓など単なるポンプにすぎないと考えていた彼女だが、それ以来、自分は心臓と同時にドナーの性格、嗜好、記憶までも移植されたのだと考えるようになった（クレア・シルヴィア『記憶する心臓』より）。

嗜好の変化については、心臓移植によって神経伝達物質の生成リズムに変化が生じたためではないか、という仮説がある。しかし、なぜドナーの名前まで言い当てることができたのかは謎として残る。私たちは、心臓のみならず、臓器と人格との関係をまだ十分に理解していないのかもしれない。

わかっているが、しかじかの徴候が確認されれば必ず脳死だといえる十分条件はわかっていない。外国では、脳死判定基準を充たしたにもかかわらず、その後に生還した事例の報告はあるが、生還する前に臓器摘出された例が潜在的にないとはいえない。確実に不可逆といえるのは、脳血流が停止し、脳が器質崩壊した場合だけだ。少なくとも年少者の脳死判定については、脳血流の停止まで待つべきではないか。

4 なぜ脳死・臓器移植は受け入れられないのか

二〇〇九年の法改正では、わが国で脳死移植の数が伸び悩んだ原因は、旧法の厳格なオプト・イン方式にあるとみられた。そもそもわが国には脳死・臓器移植が容易に浸透しない固有の背景があるとの意見もある。ここでは、かかる背景として一般にあがっているものを要約する。

一　和田心臓移植事件

わが国における移植医療に関して、国民に致命的な不信感を植えつけたのは、一九六八年に起きた和田心臓移植事件だといわれる。

六八年八月、札幌医科大学附属病院において、心臓弁膜症のため入院していた宮崎信夫（当時一八歳）に、当時、札幌医科大学胸部・心臓・血管外科教室主任教授だった和田寿郎によって心臓移植が行われた。心臓提供者は小樽近郊の海水浴場で溺れた山口義政（当時二一歳）である。同年一〇月、宮崎信夫は死亡したが、この移植手術に関して和田寿郎は、同年一二月、刑事告発を受けた。容疑は「未必の故意による殺人罪」および「業務上過失致死罪」である。本件には様々な疑惑があった。

①　そもそもレシピエントは心臓移植が必要だったのか　当初の担当医であった札幌医大の宮原教授の診断によれば、レシピエントとなった宮崎信夫は僧帽弁狭窄《きょうさく》兼閉鎖不全とされており、内科治療を継続すれば三年間は生存可能、また僧帽弁を人工弁に取り替えれば、一〇年間くらいは軽度の事務作業ができるというものだった。ところが、和田は宮崎の心臓は僧帽弁ばかりではなく、三つ以上の弁が悪い連合弁膜症であり、心臓の移植が必要だとして宮崎の両親を説得したのだった。そもそも、この和田の診断自体が正確なものかという疑惑がもたれている。

②　ドナーは本当に脳死状態だったのか　ドナーとなった山口義政は、当初、心臓も呼吸も停止していたが、救急車の中で奇跡的に自力呼吸を回復し、応急措置を受けて容体は安定していた。ところがその後、山口は容体が急変したとして、七時半に札幌医大附属病院に移送されたのである。担当医師も呼ばないまま、なぜいきなり札幌医大に運ばれなければならなかったのか理由が明らかでない。山口は助かる見込みがあったにもかかわらず、移植のドナーとして予定されてしまったのではないかとの強い疑惑が抱かれている。

③　医局ぐるみの隠蔽工作が行われたのではないか　移植後、病理学者の手に渡された宮崎

の心臓は弁がすべて切り取られており、しかも、三つの弁は元の心臓に適合するが、大動脈弁は適合せず、血液型も宮崎のものとは異なっていたという。そのほか、とったはずの脳波の記録がなかったり、心電図記録用紙が破棄されていたりと、証拠資料が一切残っていなかった。これらを考え合わせると、医局ぐるみでの事実の隠蔽工作が行われたのではないかという疑惑が生じる。

④　なぜこの時期に心臓移植が行われたのか　　一九六八年は南アフリカで最初の心臓移植が行われた翌年であり、和田移植は世界で三〇例目にあたるものだった。当時はまだ心臓移植も技術水準が低く、生存期間は非常に短いものでしかなかった。また、臓器移植の難関は移植手術それ自体よりも移植後の拒絶反応コントロールにあるといわれるが、そもそも和田は免疫抑制についてはほとんど知識を持っていなかったという。このような状況下で、和田はなぜあえて心臓移植を敢行したのか、その動機が疑われている。

本件は二重の殺人である可能性が高いといわれるが、札幌地検は証拠不十分であるとして、起訴には至らなかった。しかし、この事件にまつわる数々の疑惑は、移植医療のみならず、わが国の医学界全般に対する深い不信感を国民に植えつけることになった。本件にまつわる疑惑は、そのまま脳死・臓器移植に対する不信感に対応している。すなわち、①移植を受ける側に立った場合、無用な移植を強要されるのではないか、②臓器を提供する側に立った場合、十分な救急医療を受けられなかったり、適切な脳死判定がなされぬままドナーとして利用されてしまうのではないか、③問題が起こった場合、日本の医学界は内部でこれを浄化しようとしないで、かえってお互いにかばい合い、事実を隠蔽してしまうのではないか、④結局、移植医療というものは、まだ十分に確立した技術ではなく、半ば実験的に行われるのではないか、などの不信感である。かかる医療への不信感が、わが国における脳死・臓器移植の受容を妨げてきたと考えられる。

この杞憂に根拠がないだろうか。脳死の原因は蘇生後脳症、低酸素脳症が多いそうだが、この内容が明確ではなく、二〇〇五年以降一三年までの脳死下臓器提供者二五一例のうち、一〇三例（四一％）が、自殺、他殺が含まれるような、検死を必要とする不自然死であり、死因が明確にされていないそうだ（橳島次郎、出河雅彦著『移植医療』二〇一四年、岩波書店、四〇頁）。実際には、年間二万件の自殺件数のうち縊死が多い日本で、自殺後の蘇生後脳症も多いとされている。外国では、自殺のケースをはっきりと項目にあげている国もあるため、日本でもそのような死因の明確化は必要だろう。さらに、子どもが検死の対象となる例もあり、児童虐待で脳死となった事例の排除がどの程度厳格になされているのかも不明だそうだ。これらは、移植医療の透明性と信頼性を損なうと指摘されている。

二　日本人の死生観と脳死・臓器移植

しかし、わが国で脳死・臓器移植が受容されにくいのは医療不信ばかりが原因ではなく、脳死・臓器移植が日本人の生命観・死生観になじまないからだという指摘がある。以下に、この点について若干検討してみよう。

［1］ 全身指向的な死の観念と生死の曖昧さ

脳死臨調少数意見は、欧米キリスト教文化圏において脳死・臓器移植が定着しやすかった理由の一つとして、機械論的生命観の存在をあげる。すなわち、西洋の機械論的生命観においては、身体とは人格の所在する脳によって制御された精密な機械であり、各器官はいわば部品に相当する。この発想が脳死説を導き、機能不全に陥った部品は交換すればよいという臓器移植の思想をもたらすおそれがある。国際心肺移植学会の統計では、全世界で一九八二年から二〇一七年六月末までに約一四万七千件の心臓移植が実施された。〇九年の人口一〇〇万人あたりの心臓移植実施数では、アメリカやヨーロッパ各国が五～六人であるのに対し、日本は〇・〇五人である（アジアでは韓国、台湾、香港の心臓移植件数が多いが、これらの国は英米の影響が強い国といえるかもしれない）。全体的な移植状況をみると、アメリカの状況が特殊であるようにも思われる。同国には、銃、自動車による犯罪・事故が多発する特殊な社会的背景があることが一因かもしれない。

一方、日本的ないし東洋的生命観によれば、身体とは各器官を分離して考えることの不可能な統一体であり、生命を身体全体に遍在化させて考える傾向がある。したがって、死の観念もまた全身指向的だ。脳さえ死ねば個体の死だという脳死説はあまりにもドライな発想であり、日本人にはなじまない。身体の温かい脳死状態で死を宣告されても納得しづらいという違和感を抱くのも、このためだというのである。

全身指向的な死の観念を持つ日本的死生観は、生死の境界線についても曖昧化する傾向がある

図６－２　日本の死体臓器提供数の推移

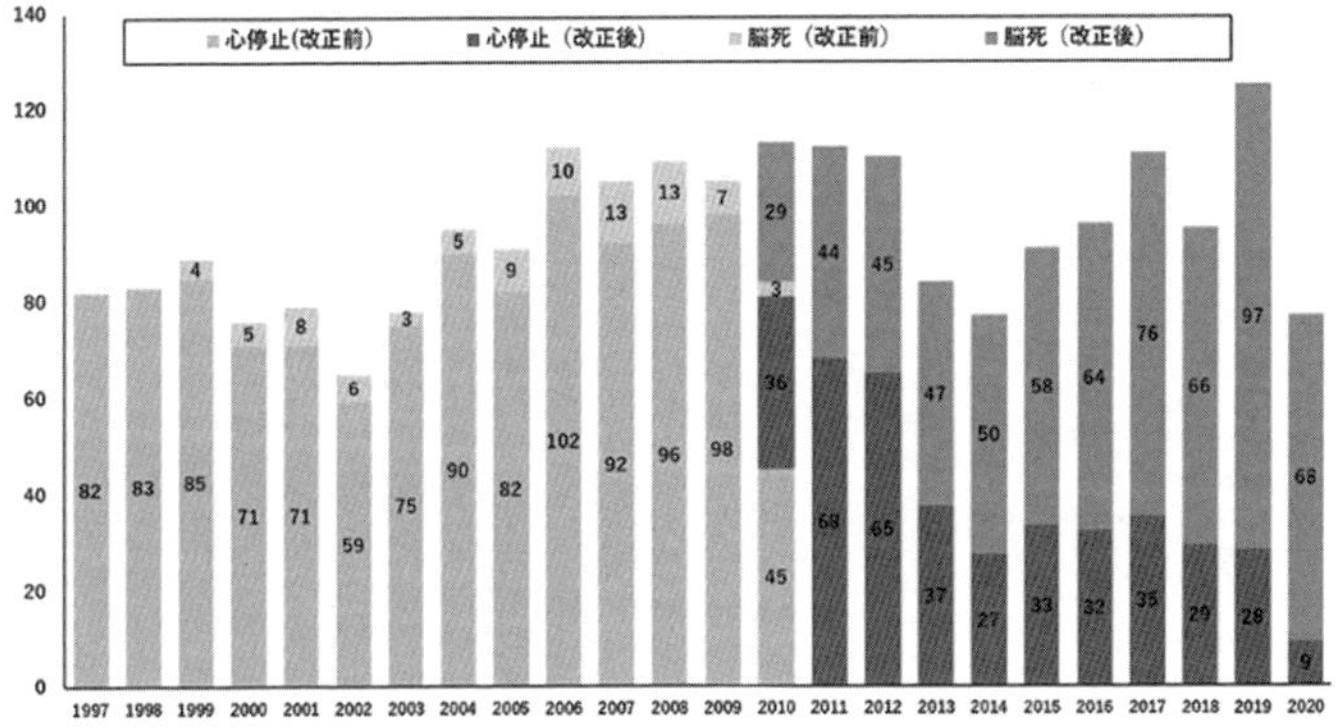

出典：日本移植学会『臓器移植ファクトブック2021』６頁

のに対して、欧米キリスト教文化圏では、生死の境目をはっきりと区分する傾向が古くからあった（たとえば終油の秘跡など）。欧米では、魂が肉体に注入されることが生命の誕生であり、魂が肉体から離れることが死であると考えられてきたため、魂が肉体から離れる瞬間はいつかが常に問題とされてきた。これを医学的に突き詰めた結論が脳死だったと理解できる。

わが国の死体臓器提供数の推移をみてみよう（図6-2）。二〇一〇年臓器移植法の改正により、臓器提供件数が増えると考えられた。しかし現実には、臓器提供件数は多少増加したものの、飛躍的に伸びたとはいいがたい状況である。脳死下ドナー数は、改正前年間一〇例前後から、改正後、近年では七〇例を超えるが、欧米と比較しても、いまだ少数にとどまっている。注目すべきは、脳死臓器提供が増えた反面、心停止後の臓器提供が減少し、臓器提供全体でみればほとんど変わらない結果となっている。年月は経とうとも、わが国で臓器提供や移植医療が普及したとはいいがたい。

心臓移植件数の国際比較(対人口一〇〇万)をみると、移植数ではアメリカが突出しており、一・〇以上であるのはほぼ欧米やキリスト教国に限定されている。例外的に韓国と香港が入っている。

［2］アイデンティティは肉体全体に及ぶ

身体を分割不能な統一的システムとみなす生命観からの帰結として、日本では個人のアイデンティティは身体全体に及ぶと考える傾向がある。身体のあらゆる部位に個人をアイデンティファイする根拠があるので、遺体についても(臓器提供などによって)部位を欠損させたまま葬ることが許されない。いわば、「完全な遺体」に執着するのである。また、他者の臓器が自己の身体内で機能することにアイデンティティの侵害を感じる人さえいる。このことが臓器移植を阻む一因だとされる。

ただし、身体全体に個人のアイデンティティがあるとする発想は、他面において、臓器提供の決断を促す理由にもなっているようだ。わが国では、遺族が臓器提供に同意した理由として、「(死んだ娘の)目を移植すれば、娘の目がいつの日か再び私を見ることがあるかもしれない」とか、「誰かに(死んだ)父の腎臓を提供すれば、お父さんがどこかで生きているような感じがする」などの理由をあげることがある。移植に反対するにせよ、同意するにせよ、きわめて日本的な生命観が影響しているといえる。

［3］現世の延長としての来世観

日本人が「完全な遺体」に執着するのは、現世とほとんど同じ姿の来世をイメージしているためだとする説がある。日本人は来世を何か特別な楽園のようなところだと考えているのではなく、現世とおおむね同様のことが展開されている場所として想定しているようだ。航空機事故の遺体収集でも、「手を探して下さい。手がないとご飯が食べられないじゃないですか」などといった声が聞かれるという。日本のアイ・バンクの登録でも「三途の川が渉れないから」という理由で、片目だけ登録する人がすこぶる多い。遺体に欠損部位があってはならないと考えるのは、このように現世と変わらぬ来世を想定するためであり、こうした来世イメージが臓器提供を躊躇する潜在的理由になっているというのである（ただし、民俗学者の中には、日本人が遺体に執着してきたといえる証拠はないとする意見もある）。

［4］「自然な死」と「不自然な死」

日本人には、「自然な死」と「不自然な死」との区別があるとする指摘がある。不自然な死には、殺人、自殺、死刑、思いを遂げられぬままの戦死などのほかに、親族の集わない突然死、身体部位の欠損した死などが含まれるという。不自然な死を遂げた者は丁重な儀礼によって慰撫《いぶ》されなければならない（儀礼を怠ると祟りをもたらす）が、通常の自然な死に方であっても、しかるべき儀礼を怠れば、それは不自然な死へと転化してしまう。日本の死者儀礼が複雑かつ長期にわたるのはこのためである。

ところで、脳死は、その性質上、常に親族によって見守られない死であり、日本的文脈においては不自然な死に該当すると考えられる。脳死臨調少数意見が、脳死は「見えない死」であることを批判するのも、密室医療への不信感である以上に、それが不自然な死を意味するからだろう。また、脳死移植は遺体部位の欠損をもたらすので、二重に不自然な死をつくり出すことになる。部位の欠損ばかりではなく、献体や検死のように遺体にメスを入れるだけでもわが国では一般に忌み嫌われているが、これも遺体への作為が死者葬送の不手際を意味し、自然な死を不自然な死に転化してしまうと考えられるためであるといえよう。

［5］儒教倫理の影響

欧米では、生体間の移植はあまり行われない。生体から臓器を摘出するのは残酷だと考えられているためである。ところがわが国では、腎臓移植の三分の二が親子・兄弟からの生体腎移植だといわれ、生体からの肝移植も多い。これには様々な理由があるが、その一つとして、家族相互間での自己犠牲的な行為は倫理的にうるわしいことと考える儒教倫理の影響があるとの指摘がある。また、生体・死体を問わず、父母から承けた身体に造作を加えるのは祖先への冒瀆《ぼうとく》だとする思想が儒教にはあり、このことが遺体に傷をつけることの忌避につながっているともいわれる。一般論としての臓器移植には賛成するが、家族の臓器提供には反対する傾向があること、また、儒教倫理の影響の強い中国や韓国でも遺体に手を加えることが忌避される傾向があることなどを考慮すれば、儒教倫理の影響は考慮に値する要素だろう。ただし、韓国（IRODaT によると、二〇二〇年は心臓死ドナーが四七八件、脳死ドナーが二五七八件であった）では日本よりもはるかに多くの臓器提供がなされていることからすると、この点を強調しすぎるべきではないかもしれない。

［6］仏教の影響

脳死や臓器移植が仏教思想に反すると考えられる明らかな根拠はない。むしろ、脳死臨調少数意見は脳死移植の根拠として「仏教の菩薩行」をあげたほどである。しかし、「他人《ひと》の臓器をもらってまで生きたいとは思わない」と考える人も多く、この背景として、仏教が生への過度の執着を戒めていることをあげる場合がある。

三　残された課題

臓器移植法には、まだ多くの課題が残されている。そのうちのいくつかを以下にあげておくことにしよう。

［1］生体間移植の法的位置づけと臓器売買

わが国では、現実的には、脳死による臓器移植よりも、親族など血縁のある生体間で臓器移植を行うことも少なくない。特に肝臓移植では生体間移植が大部分を占めているが、これは海外と比較して特異な状況とされる。また生体間移植については、規定する法律が存在せず、親族の善意でなされているのが現実である。そのため、親族を装ったり、臓器提供のために養子縁組を結んだりして、生体間移植が臓器売買の隠れ蓑とされている問題が明らかになってきている。

一つは、二〇〇六年に明らかになった事件で、男性が、義理の妹とする女性から金銭と自動車の見返りに腎臓の提供を受け、宇和島徳洲会病院で腎臓移植手術を受けたケースである。真相は、金銭や自動車の利益供与をする代わりに、腎臓を提供する約束だった。移植を受けた患者本人と内縁の妻が臓器移植法違反（臓器売買の禁止）で有罪になった。

もう一つは、東京都江戸川区の内科医院院長が暴力団関係者を介して虚偽の養子縁組を結び、二〇一〇年七月に紹介者の暴力団関係者に現金八〇〇万円を支払い、宇和島徳洲会病院で移植手術を受けた事件が発覚し、関係者の多くが臓器移植法違反で有罪となっている。臓器売買は決して海外の途上国・紛争国に限った問題ではないのである。

［2］ 医学界内部の自己チェック・システムの確立

わが国で脳死・臓器移植が受容されにくい原因の一つが医療体制への不信、なかでも医学界内部の自己チェック機能の欠如にあることは、和田心臓移植事件を通じてすでに指摘したとおりだ。当該事件において指摘された様々な問題点は、今もってなお十全に解消されたとはいいがたい。

［3］ 公平な情報公開

臓器移植においては、要移植患者の苦しみやレシピエントの感謝と喜びは盛んに取り上げられるが、脳死、臓器提供という突然の事態に見舞われた提供遺族側の悲しみ、苦悩、困惑といった心情はほとんど報道されない。提供遺族の感想は、臓器移植に好意的なものは取り上げられても、「臓器移植の素晴らしさばかりが語られることに不快感を感じる」といった感想は闇に葬られてしまうのが実状だ。脳死の原因も今は公開されていない。提供遺族の心情をも正直に伝え公平報道がなければ、脳死移植への同意・不同意について正しい選択もできない。また、いのちを救うには移植しかないような報道のあり方も問題であり、移植をせずともある程度の寿命を生きられる患者もいることを、データを用いながら公平に比較する必要がある。移植手術に伴うリスク（手術の不成功や感染症など）や臓器の生着率などについても公平に情報を広める必要があろう。脳死移植さえ行えば、すべての問題が解決するかのような誤解を与えるべきではない。

［4］倫理問題に踏み込んだ議論

旧法、改正法ともに、臓器移植法が自己決定モデルに基づくことからわかるように、わが国では脳死や臓器移植の問題を普遍的に共有されるべき倫理問題として捉えるのではなく、単なる個人のライフスタイルの問題に還元する傾向が強い。「本人が脳死判定して臓器を活用してくださいと言っているのに、それはだめだと他人が言うのは、余計なおせっかいだ」というわけである。

死の判定に自己決定モデルを採用したのは政治的妥協にほかならないが、さらにその背景には、他人の決定に口を挟むのは「余計なおせっかい」という、日本的無関心がないか。「人様のことには口を挟まない」という日本的無関心は、こんにちでは自己決定権という美名を帯びることさえある。しかし、その実、真摯な倫理的議論を放棄し、様々な抑圧や権利侵害を見て見ぬ振りをすることにもつながるように思われる。

［5］子宮移植の可能性

近年、注目される不妊治療との関連で、子宮がない女性のため、子宮移植を試みる国も出てきており、一六か国で八五件の移植が行われ、四〇人の子どもが生まれている（二〇二一年三月時点）。日本医学会でも検討委員会が設立され、審議がなされた。結論として、「子宮移植は、ドナー・レシピエント・生まれてくる児に対する短期的・長期的な影響・リスクが十分明らかにされていない未成熟な医療技術であり、重大な倫理的課題が残される」としながらも、多数意見に基づき、最善の準備を整え、生体からの子宮移植を限定的に臨床研究として実施することを認めるとした。子宮移植は、不妊治療を求める者も多い昨今、一部では注目されるかもしれないが、臓器移植自体がいまだ不安定な技術であることからすれば、しばらくは実験的なものにとどまることが予想される。さらに臓器移植では、免疫抑制剤をはじめ、大量の薬剤が使用されることに鑑みて、胎児への影響も無視できないものになるかもしれない。

主要参考文献

●序　章

イマヌエル・カント（篠田英雄訳）『道徳形而上学原論』（岩波文庫、一九七六年）

金子晴勇『ヨーロッパの人間像――「神の像」と「人間の尊厳」の思想史的研究』（知泉書館、二〇〇二年）

葛生栄二郎『ケアと尊厳の倫理』（法律文化社、二〇一一年）

佐藤幸治『憲法』（青林書院『現代法律学講座5』、一九九五年）

ジョン・ステュアート・ミル（早坂忠訳）『自由論』（中央公論社『世界の名著49』、一九七九年）

ジョン・ロック（鵜飼信成訳）『市民政府論』（岩波文庫、一九六八年）

トム・L・ビーチャム、ジェームス・F・チルドレス（永安幸正・立木教夫監訳）『生命医学倫理』（成文堂、一九九七年）

日本公法学会『公法研究第五八号』（有斐閣、一九九六年）

ピコ・デッラ・ミランドーラ（大出哲ほか訳）『人間の尊厳について』（国文社、一九八五年）

ホセ・ヨンパルト『人間の尊厳と国家の権力――その思想と現実、理論と歴史』（成文堂、一九九〇年）

ホセ・ヨンパルト、三島淑臣、竹下賢、長谷川晃編『法の理論26――特集：人間の尊厳と生命倫理』（成文堂、二〇〇七年）

D. Beyleveld and R. Brownsword, *Human Dignity in Bioethics and Biolaw*, Oxford Univ. Press, 2001.

D. Kretzmer and E. Klein eds., *The Concept of Human Dignity in Human Rights Discourse*, Kluwer Law International, 2002.

●第1章

家永登・上杉富之編著、比較家族史学会監修『生殖革命と親・子――生殖技術と家族Ⅱ』（早稲田大学出版部、二〇〇八年）

石井美智子『人工生殖の法律学――生殖医療の発達と家族法』（有斐閣、一九九四年）

江原由美子編著『生殖技術とジェンダー』（勁草書房、一九九六年）

大野和基『代理出産――生殖ビジネスと命の尊厳』（集英社、二〇〇九年）

金城清子『生殖革命と人権――産むことに自由はあるのか』（中央公論社、一九九六年）

小門穂『フランスの生命倫理法――生殖医療の用いられ方』（ナカニシヤ出版、二〇一五年）

ジェニファー・ラールほか（柳原良江監訳）『こわれた絆――代理母は語る』（生活書院、二〇二二年）

齊藤和毅「ART治療を受ける場合の児への影響」（『臨床婦人科産科』七五巻一号、二〇二一年）

菅沼信彦『生殖医療――試験管ベビーから卵子提供・クローン技術まで』（名古屋大学出版会、二〇〇一年）

非配偶者間人工授精で生まれた人の自助グループ・長沖暁子編著『AIDで生まれるということ――精子提供で生まれた子どもたちの声』（萬書房、二〇一四年）

非配偶者間人工授精によって生まれた人の自助グループ（GOD）『子どもが語るAID』（非配偶者間人工授精によって生まれた人の自助グループ、二〇〇七年）

日比野由利・柳原良江『テクノロジーとヘルスケア――女性身体へのポリティクス』（生活書院、二〇一一年）

●第2章

青野由利『ゲノム編集の光と闇――人類の未来に何をもたらすか』（ちくま新書、二〇一九年）

今井裕『クローン動物はいかに創られるのか』（岩波科学ライブラリー五六、一九九七年）

上村芳郎『クローン人間の倫理』（みすず書房、二〇〇三年）

科学技術庁科学技術政策研究所第2調査研究グループ（國谷、大山、伊藤、木場）『先端科学技術と法的規制（生

命科学技術の規制を中心に〉POLITICAL STUDY No.1』（一九九九年）
粥川準二『人体バイオテクノロジー』（宝島社新書、二〇〇一年）
同　『ゲノム編集と細胞政治の誕生』（青土社、二〇一八年）
黒木登志夫『iPS細胞』（中公新書、二〇一五年）
高橋隆雄編『ヒトの生命と人間の尊厳』（九州大学出版会、二〇〇二年）
米本昌平『クローン羊の衝撃』（岩波ブックレット四四一、一九九七年）
Cloning: Public Policy in Legal, Religious, & Philosophical Perspective, Valparaiso University Law Review, Vol. 32, No. 2, 1998

●第3章

石井美智子『人工生殖の法律学――生殖医療の発達と家族法』（有斐閣、一九九四年）
江口聡『妊娠中絶の生命倫理――哲学者たちは何を議論したか』（勁草書房、二〇一一年）
江原由美子編『生殖技術とジェンダー』（勁草書房、一九九六年）
荻野美穂『中絶論争とアメリカ社会――身体をめぐる戦争』（岩波書店、二〇〇一年）
同　『「家族計画」への道――近代日本の生殖をめぐる政治』（岩波書店、二〇〇八年）
小椋宗一郎『生命をめぐる葛藤――ドイツ生命倫理における妊娠中絶、生殖医療と出生前診断』（生活書院、二〇二〇年）
上坪隆『水子の譜――引揚孤児と犯された女たちの記録』（現代史出版会、一九七九年）
齋藤有紀子編著『母体保護法とわたしたち――中絶・多胎減数・不妊手術をめぐる制度と社会』（明石書店、二〇〇二年）
佐藤孝道『出生前診断――いのちの品質管理への警鐘』（有斐閣、一九九九年）
藤目ゆき『性の歴史学――公娼制度・堕胎罪体制から売春防止法・優生保護法体制へ』（不二出版、一九九七年）

松尾智子「ドイツ人工妊娠中絶法における胎児条項をめぐる問題」『法の理論19』（成文堂、二〇〇〇年）
マルコム・ポッツ、ピーター・ディゴリィ、ジョン・ピール（池上千寿子・根岸悦子訳）『文化としての妊娠中絶』（勁草書房、一九八五年）
丸山英二編『出生前診断の法律問題』（尚学社、二〇〇八年）
米本昌平ほか『優生学と人間社会――生命科学の世紀はどこへ向かうのか』（講談社、二〇〇〇年）
ロナルド・ドゥオーキン（水谷英夫・小島妙子訳）『ライフズ・ドミニオン――中絶と尊厳死そして個人の自由』（信山社、一九九八年）

●第4章

アン・デーヴィスほか編（小西恵美子監訳）『看護倫理を教える・学ぶ――倫理教育の視点と方法』（日本看護協会出版会、二〇〇八年）
池永満『患者の権利〔改訂増補版〕』（九州大学出版会、一九九七年）
伊佐智子「医学研究と倫理――臨床研究法をめぐる議論を中心に」（『法政研究』八六巻三号、二〇一九年）
石原明『医療と法と生命倫理』（日本評論社、一九九七年）
市原美穂『ホームホスピス「かあさんの家」のつくり方――ひとり暮らしから、とも暮らしへ』（木星舎、二〇一一年）
エリザベス・キューブラー=ロス（鈴木晶訳）『死ぬ瞬間――死とその過程について』（中公文庫、二〇二〇年）
大谷實『医療行為と法〔新版補正第二版〕』（弘文堂、一九九七年）
甲斐克則『被験者保護と刑法』（成文堂、二〇〇六年）
ジョージ・アナス（谷田憲俊監訳）『患者の権利――患者本位で安全な医療の実現のために』（明石書店、二〇〇七年）
中山健夫『これから始める！シェアード・ディシジョンメイキング――新しい医療のコミュニケーション』（日

本医事新報社、二〇一七年）
日本ホスピス・緩和ケア研究振興財団『ホスピス緩和ケア白書２００４〜』（青海社、二〇〇四年〜）
ネル・ノディングス（立山善康ほか訳）『ケアリング　倫理と道徳の教育――女性の観点から』（晃洋書房、一九九七年）
ヘルガ・クーゼ（竹内徹・村上弥生監訳）『ケアリング――看護婦・女性・倫理』（メディカ出版、二〇〇〇年）
保阪正康『日本の医療』（講談社文庫、一九九四年）
村上國男『病名告知とＱＯＬ――患者家族と医療職のためのガイドブック』（メヂカルフレンド社、一九九〇年）
山崎章郎・二ノ坂保喜・米沢慧『市民ホスピスへの道』（春秋社、二〇一五年）
吉田沙蘭『がん医療における意思決定支援』（東京大学出版会、二〇一四年）
Carol Gilligan, *In A Different Voice*, Harvard University Press, 1982.

●第５章

阿南成一『安楽死』（弘文堂、一九七七年）
甲斐克則『安楽死と刑法』（成文堂、二〇〇三年）
同　『尊厳死と刑法』（成文堂、二〇〇四年）
甲斐克則編訳『海外の安楽死・自殺幇助と法』（慶應義塾大学出版会、二〇一五年）
斎藤義彦『死は誰のものか――高齢者の安楽死とターミナルケア』（ミネルヴァ書房、二〇〇二年）
シャボットあかね『生きるための安楽死――オランダ・「よき死」の現在』（日本評論社、二〇二一年）
立山龍彦『自己決定権と死ぬ権利』（東海大学出版会、一九九八年）
「特集　尊厳死」（『ジュリスト』一〇六一号、一九九五年）
中島みち『「尊厳死」に尊厳はあるか――ある呼吸器外し事件から』（岩波新書、二〇〇七年）
唄孝一『生命維持治療の法理と倫理』（有斐閣、一九九〇年）

樋口範雄「植物状態患者と死ぬ権利」(『ジュリスト』九七五号、一九九一年)
フィリス・バッテル(常盤新平訳)『カレン・アンの永い眠り――世界が見つめた安楽死』(講談社、一九七九年)
フランツ・ルツィウス(山下公子訳)『灰色のバスがやってきた――ナチ・ドイツの隠された障害者「安楽死」措置』(草思社、一九九一年)
松田純『安楽死・尊厳死の現在――最終段階の医療と自己決定』(中公新書、二〇一八年)
丸山英二「アメリカにおける生命維持治療拒否権」(『自由と正義』四〇巻二号、一九八九年)
宮川俊行『安楽死と宗教――カトリック倫理の現状』(春秋社、一九八三年)
盛永審一郎監修『安楽死法――ベネルクス3国の比較と資料』(東信堂、二〇一六年)

●第6章

梅原猛『日本人の「あの世」観』(中央公論社、一九八九年)
NHK脳死プロジェクト編『脳死移植』(NHK出版、一九九二年)
荻原真『日本人はなぜ脳死・臓器移植を拒むのか』(新曜社、一九九二年)
甲斐克則『臓器移植と刑法』(成文堂、二〇一六年)
河見誠『新版　現代社会と法原理――共生社会の自由、生命、福祉、平等、平和を求めて』(成文堂、二〇一九年)
共同通信社社会部移植取材班編著『凍れる心臓』(共同通信社、一九九八年)
小松美彦『脳死・臓器移植の本当の話』(PHP研究所、二〇〇四年)
小松美彦・市野川容孝・田中智彦編『いのちの選択――今、考えたい脳死・臓器移植』(岩波ブックレット七八二、二〇一〇年)
五来重『日本人の死生観』(角川選書二五〇、一九九四年)
塩見戎三『脳死臓器移植はいま――遅れた日本の現状を問う』(教育社、一九八九年)
立花隆『脳死』(中央公論社、一九八六年)

H・トリストラム・エンゲルハート（加藤尚武・飯田亘之監訳）『バイオエシックスの基礎づけ』（朝日出版社、一九八九年）
中島みち『新々見えない死――脳死と臓器移植』（文藝春秋、一九九四年）
中村暁美『長期脳死――娘、有里と生きた一年九ヵ月』（岩波書店、二〇〇九年）
波平恵美子『脳死・臓器移植・がん告知――死と医療の人類学』（福武書店、一九八八年）
日本移植学会「ファクトブック２０２１」（http://www.asas.or.jp/jst/pdf/factbook/factbook 2021.pdf）
樹島二郎・出河雅彦『移植医療』（岩波書店、二〇一四年）
吉開俊一『臓器移植の誤解を解く――いのちをつなぐ贈りもの』（木星舎、二〇二〇年）

あとがき

いのちの法や倫理をめぐる問題状況はますます複雑化している。このたびの新版を執筆するにあたっては、人工生殖による先天異常問題、わが国での代理出産の合法化の動き、ゲノム編集、内密出産、新型出生前診断へのアクセス問題など、さまざまな状況変化を受け、新たな動向や問題状況を可能な限り反映させるように努めたつもりだが、紙幅の関係もあり完全に網羅できたとはいえない。

生命技術の進展は急激に加速しており、記述内容がすぐに最新のものでなくなることも覚悟しなければならない。価値観の変化も大きい。しかし、だからこそ、「いのち」に向き合うという姿勢を一貫して持ち続けること、その大切さを若い世代に伝えていくことが必要だと私たちは考える。本書が、「いのち」を生きる生き方とは、また「いのち」を生かす関わりとはどのようなものなのか、ともに問い続ける場となることを願ってやまない。

刊行においては、永眠された共同執筆者の一人、葛生栄二郎先生の奥様の真弓様にもご協力いただいた。葛生先生のご逝去を心より悼み、本書を捧げたい。

索　引

あ 行

か　行

さ　行

た　行

な　行

は　行

ま　行

や　行

ら行・わ行

【著者紹介】

葛生栄二郎（くずう えいじろう）〔故人〕

1958年　埼玉県生まれ
1981年　上智大学法学部卒業
1987年　上智大学大学院法学研究科博士課程修了
2000年　博士（法学）
　　　　ノートルダム清心女子大学名誉教授
専　攻　法哲学

河見　誠（かわみ まこと）

1964年　徳島県生まれ
1986年　早稲田大学法学部卒業
1991年　上智大学大学院法学研究科博士課程修了
2011年　博士（学術）
現　在　青山学院大学コミュニティ人間科学部教授
専　攻　法哲学

伊佐智子（いさ ともこ）

1965年　福岡県生まれ
1994年　西南学院大学法学部卒業
1998年　DAAD奨学生としてドイツ・ハイデルベルク大学法学部留学
2003年　九州大学大学院法学研究科博士課程修了、博士（法学）
現　在　久留米大学非常勤講師
専　攻　法哲学、生命倫理、医事法

HBB+
法律文化ベーシック・ブックス〔HBB⁺〕

いのちの法と倫理〔新版〕

2009年11月25日　初　版第1刷発行
2017年1月20日　改訂版第1刷発行
2023年1月15日　新　版第1刷発行

著　者　葛生栄二郎・河見　誠
　　　　伊佐智子

発行者　畑　　光

発行所　株式会社 法律文化社

〒603-8053
京都市北区上賀茂岩ヶ垣内町71
電話 075(791)7131　FAX 075(721)8400
https://www.hou-bun.com/

印刷：西濃印刷㈱／製本：㈱藤沢製本
装幀：石井きよ子

ISBN978-4-589-04251-4